I libri di Viella

256

La mobilità sociale nel Medioevo italiano

5. Roma e la Chiesa (secoli XII-XV)

a cura di
Cristina Carbonetti Vendittelli e Marco Vendittelli

viella

Volume pubblicato con il contributo del Ministero dell'Istruzione, dell'Università
e della Ricerca (PRIN 2012: *La mobilità sociale nel Medioevo italiano*).

viella
libreria editrice
via delle Alpi, 32
I-00198 ROMA
tel. 06 84 17 758
fax 06 85 35 39 60
www.viella.it

Indice

CRISTINA CARBONETTI VENDITTELLI, MARCO VENDITTELLI

Premessa

Questo volume raccoglie gli atti della giornata di studi tenutasi a Roma il 20 aprile 2016 nell'ambito del progetto PRIN 2012 dal titolo *La mobilità sociale nel Medioevo italiano (secoli XII-XV)*, del quale è responsabile nazionale Sandro Carocci.

L'incontro, organizzato dall'unità romana, si proponeva di analizzare nel dettaglio il tema già trattato a livello nazionale nell'ambito dello stesso PRIN nel convegno di Roma del 4-6 febbraio 2016, che era incentrato sul ruolo della Chiesa come canale di mobilità sociale (*Mobilità sociale e mondo ecclesiastico. Italia, XII-XV secolo*),[1] puntando però il *focus* sulla società e sul clero romani. L'assunto di partenza era che la peculiarità stessa della realtà romana avesse incontrovertibilmente agevolato processi di ascesa sociale grazie soprattutto alle molte opportunità fornite dalle politiche pontificie e curiali, ma grazie anche alla presenza in città di un grandissimo numero di istituzioni religiose (molte più chiese capitolari e canonicati che in altri ambiti cittadini e un numero enorme di monasteri urbani e periurbani), alla convivenza qui di "due cleri", in parte diversi e in parte sovrapposti, cioè quello propriamente cittadino e quello curiale, e al fatto di essere stata Roma luogo cruciale di transito di carriere ecclesiastiche che vi iniziavano e terminavano altrove e dove i fattori relazionali costituivano elemento di grande rilievo.

Alla base c'era una storiografia ricca sì di contributi su singoli chierici, istituzioni, famiglie e cariche,[2] ma al contempo ancora piuttosto deficitaria

---

1. *La mobilità sociale nel Medioevo italiano. 3. Il mondo ecclesiastico (secoli XII-XV)*, a cura di S. Carocci, I. Lazzarini, Roma 2017.
2. Tra i tanti studi ci limitiamo a segnalare quelli di Robert Montel e di Andreas Rehberg: R. Montel, *Les chanoines de la Basilique Saint-Pierre de Rome des statuts capitulaires de 1277-1279 à la fin de la papauté d'Avignon. Étude prosopographique*, in «Rivista di Storia della

in quanto ad analisi sistematiche incentrate in modo diretto sul problema della mobilità sociale, sulle metodologie per indagarla e sulla connessione con le pratiche di governo pontificie e con le logiche della Curia e il suo variegato mondo.

Le aspettative non sono state disattese: l'ipotesi di partenza infatti è stata ampiamente confermata guardando al tema della mobilità da varie angolazioni e definendo anche alcune opportunità di promozione sociale finora trascurate. I contributi che compaiono nel volume evidenziano bene, anche attraverso l'analisi di alcuni percorsi individuali, come nella Roma dei secoli XII-XV molti esponenti del clero locale siano riusciti a giovarsi in varia misura dei vantaggi offerti loro dal ruolo di centralità che la città aveva assunto come sede della cristianità; mettendo a frutto capitale economico, culturale, sociale e simbolico (per usare le categorie teorizzate da Pierre Bourdieu) del quale disponevano, essi compirono la propria ascesa sociale e la riverberarono sulle proprie famiglie, riuscendo in molti casi a garantire ai discendenti ruoli e *status* di alto livello per più generazioni. Lo stesso riuscirono a fare molti esponenti del clero provenienti dallo Stato pontificio e da più lontano, attratti a Roma proprio dalle opportunità offerte dalla città dei papi.

Il tema del nepotismo (fenomeno costante e duraturo della storia della Chiesa),[3] ovviamente, ricorre spesso in maniera più o meno esplicita, e viene declinato sia in casi vistosi e già conosciuti (come per i cardinali, ad esempio, ben noto motore di ascesa sociale) sia in forme meno appariscenti e rilevanti. Ma emerge anche in maniera prorompente l'importanza che veniva attribuita alla cultura[4] sia come valore aggiunto sia come canale

Chiesa in Italia», 42 (1988), pp. 365-450, 43 (1989), pp. 1-49, 413-479; e Id., *Les chanoines de la basilique Saint-Pierre de Rome (fin XIIIᵉ siècle-fin XVIᵉ siècle): esquisse d'une enquête prosopographique*, in *I canonici al servizio dello Stato in Europa (secoli XIII-XVI). Les chanoines au service de l'Etat en Europe du XIIIᵉ au XVIᵉ siècle*, raccolta di studi dir. da H. Millet, Ferrara 1992 (Istituto di Studi Rinascimentali Ferrara. Saggi), pp. 107-118; A. Rehberg, *Die Kanoniker von S. Giovanni in Laterano und S. Maria Maggiore im 14. Jahrhundert. Eine Prosopographie*, Tübingen 1999 (Bibliothek des Deutschen Historischen Instituts, 89); Id., *Luci ed ombre sui canonici delle grandi basiliche di Roma nel Rinascimento: appunti sulla loro formazione culturale-religiosa e sulla loro reputazione fra i contemporanei*, in *Roma e il papato nel medioevo. Studi in onore di Massimo Miglio*, I, *Percezioni, scambi, pratiche*, a cura di A. De Vincentiis, Roma 2012, pp. 419-439.

3. Basti qui il rinvio a S. Carocci, *Il nepotismo nel medioevo. Papi, cardinali e famiglie nobili*, Roma 1999 (La corte dei papi, 4).

4. In proposito E. Anheim, F. Menant, *Mobilité sociale et instruction. Clercs et laics du milieu del XIII au milieu del XIV siècle*, in *La mobilità sociale nel Medioevo*, a cura di S. Carocci, Roma 2010 (Collection de l'Ecole française de Rome, 436), pp. 341-379.

primario. Essa infatti era in grado di facilitare la mobilità, non soltanto del clero proveniente dagli strati più alti della popolazione – che guardava alla Curia e al cardinalato come punto d'arrivo o che ambiva a entrare nei maggiori capitoli canonicali di Roma – ma anche di quello appartenente agli strati popolari, il quale poteva raggiungere il sacerdozio e il dottorato in teologia o in diritto canonico ed entrare in una rete di relazioni che ne avrebbe ulteriormente favorito la promozione sociale grazie alla possibilità di compiere gli studi superiori, che veniva offerta a studenti poveri ma promettenti dai collegi di fondazione cardinalizia di secondo Quattrocento. E colpisce in particolar modo il fenomeno tardomedievale, finora poco studiato per Roma, di quella parte del clero capitolare che, dopo aver ricevuto una robusta istruzione all'interno di questi capitoli, abbandonava lo *status* clericale per tornare all'interno della società civile, dove era in grado di spendere altrimenti il capitale culturale acquisito.

L'analisi si è spinta anche oltre, sia dal punto di vista cronologico sia in merito al peculiare tema trattato, affrontando un aspetto del fenomeno che era stato finora piuttosto trascurato dagli studi, pur avendo caratterizzato in particolar modo la Roma del secondo Quattrocento e dei primi del Cinquecento. Due dei saggi raccolti in questo volume sono il risultato di ricerche incentrate sul ruolo che esercitarono le confraternite romane (pie istituzioni di natura ecclesiastica, benché gestite da laici) dedite all'assistenza delle fasce meno fortunate e marginali della società nel promuoverne, non solo la sopravvivenza, ma anche l'inserimento all'interno della collettività grazie all'opportunità offerta loro di apprendere un mestiere, di accedere al servizio domestico, al matrimonio, a cure parentali e diritti di successione tramite l'adozione e, spesso, all'istruzione di base o superiore, divenendo così, oltre che strumenti di assistenza nei confronti dell'infanzia abbandonata e delle giovani maritande, anche canale di mobilità all'interno degli strati più bassi della popolazione.

Il fatto che alcuni dei relatori non abbiano purtroppo consegnato per la stampa il testo della loro relazione ha fatto sì che i risultati qui pubblicati non riflettano appieno l'ampio ventaglio di temi che il programma del convegno aveva in animo di sottoporre a verifica: manca totalmente infatti uno sguardo sul monachesimo, così numeroso in una città come Roma tanto ricca di conventi e monasteri; ed è assente anche una riflessione sul clero secolare dedito alla cura d'anime.

Un'altra assenza importante di cui siamo pienamente consapevoli è il monachesimo femminile, tema al quale in un primo momento si era pensato di dedicare uno spazio, sulla scorta soprattutto delle conoscenze ormai acquisite in merito a quella che nei secoli XIII e XIV è stata la comunità femminile più numerosa della città, il monastero di San Sisto.[5] Di esso sappiamo che accoglieva al suo interno molte donne appartenenti a lignaggi di prestigio e a famiglie facoltose che godevano di una posizione di rilievo in città; donne che, da un lato, contribuivano all'accrescimento del patrimonio monastico con la dote e con i loro beni personali e, dall'altro, concorrevano a mantenere la comunità religiosa all'interno di quella fitta e ben salda rete di relazioni e clientele con gli esponenti dei ceti socialmente più rilevanti della città che potevano garantire al monastero una sorta di tutela e di protezione grazie al loro potere. E sappiamo che anche le famiglie potevano trarre ottimi vantaggi dalla monacazione delle proprie giovani in una istituzione, come quella di San Sisto, che possedeva un notevole patrimonio fondiario; vantaggi che si concretizzavano nella possibilità di ottenere in concessione le proprietà del monastero a condizioni più favorevoli di altri e di incrementare il giro d'affari e il capitale economico familiare. L'idea di partenza, quando ancora si era in fase di programmazione, era quella di sottoporre a verifica queste acquisizioni allargando l'indagine ad altri casi di studio e di appurare il ruolo effettivo che le monache potevano aver avuto nella gestione del patrimonio monastico e nella distribuzione di favori alle proprie famiglie di provenienza. Ben presto però ci si è resi conto che si trattava di un terreno impraticabile, mancando fonti specifiche che potessero dare risposte certe in proposito. Auspichiamo che future ricerche e nuovi ritrovamenti archivistici possano colmare questa lacuna.

Nel chiudere questa breve premessa vogliamo ringraziare i relatori e quanti hanno partecipato in maniera costruttiva alla buona riuscita del convegno, con le loro osservazioni, le loro integrazioni, i loro spunti di riflessione e con le loro critiche costruttive. Un ringraziamento va, infine, alla Macroarea di Lettere dell'Università di Roma " Tor Vergata" che ci ha ospitato.

---

5. Crf. C. Carbonetti Vendittelli, *Il registro di entrate e uscite del convento domenicano di San Sisto degli anni 1369-1381*, in *Economia e società a Roma tra Medioevo e Rinascimento. Studi dedicati ad Arnold Esch*, a cura di A. Esposito, L. Palermo, Roma 2005, pp. 83-117 e Ead., *Il monastero romano di San Sisto nella seconda metà del XIV secolo. La comunità femminile e la gestione del suo patrimonio*, in *Roma religiosa. Monasteri e città (secoli IX-XVI)*, Incontro di studio (Roma, 27-28 novembre 2014), in corso di stampa.

Werner Maleczek

Il cardinalato come motore dell'ascesa sociale a Roma nei secoli XII e XIII

È un fatto ben noto che i cardinali, i più stretti collaboratori del papato, durante e dopo la riforma gregoriana, seguivano solo in parte la tendenza "internazionalistica" del papato. Gli orizzonti del papato comprendono tutta la cristianità, il cardinalato invece rimane spesso un fenomeno romano e dell'aristocrazia romana. Per rendere quest'osservazione più plausibile propongo limiti cronologici che vanno dal pontificato di Alessandro III (e del suo antipapa Vittore IV) nel 1159 alla fine del pontificato di Benedetto XI nel 1304, cioè prima del trasferimento della Curia papale ad Avignone.[1] Mi siano permesse alcune cifre per cominciare. In questi 145 anni conosciamo circa 245 cardinali. Vi sono compresi anche i circa 30 cardinali degli antipapi,[2] ma loro rimangono dai contorni sfumati e non se ne conoscono le origini geografiche e sociali. Di questi 245 cardinali 70 sono romani, cioè fra un terzo e un quarto, ma "romano" si intende in un senso largo, che non comprende solo la zona fra San Pietro in Vaticano e San Giovanni in Laterano, ma in un raggio di circa 50 chilometri.[3] Le creazioni più cospicue si devono a Clemente III nel 1188 – con 15/17 cardinali – e ad Innocenzo

1. Rimando a *Geschichte des Kardinalats im Mittelalter*, a cura di J. Dendorfer, R. Lützelschwab, Stuttgart 2011, sfortunatamente senza equivalente in lingua italiana.
2. Vittore IV (1159-1164), Pasquale III (1164-1168), Calisto III (1168-1178), Innocenzo III (1179-1180).
3. Questo corrisponde all'area geografica che, nella storiografia recente, si dà allo sviluppo dell'aristocrazia romana, cfr. S. Carocci, *I baroni di Roma. Dominazioni signorili e lignaggi aristocratici nel Duecento e nel primo Trecento*, Roma 1993; M. Thumser, *Rom und der römische Adel in der späten Stauferzeit*, Tübingen 1995; S. Carocci, M. Vendittelli, *Società ed economia (1050-1420)*, in *Roma medievale*, a cura di A. Vauchez, Bari-Roma 2001, pp. 71-116.

III – con 14/17 cardinali. Va comunque notato che dei circa 100 cardinali del Duecento si conoscono sia le origini geografiche che sociali.

Fra i 70 cardinali di origine romana non troviamo nessun santo ufficialmente canonizzato, neanche uomini apprezzati per la loro opera teologica – eccezione: Lotario da Segni, di cui si parlerà in seguito – o per la loro opera canonistica – forse con un'eccezione: Ug(olin)o da Ostia, ma non è per niente sicuro[4] – invece incontriamo molti amministratori capaci, legati pontifici abili ed anche bravi soldati. Ciò significa che la questione "Il cardinalato come motore dell'ascesa sociale" va trattata con categorie di storia sociale piuttosto che con categorie di storia della religione, della pietà e della cultura. Ma ci si guardi dall'unilateralismo, perché i cardinali sono, almeno in teoria, chierici che hanno in prima linea il compito di annunciare il vangelo, di obbedire al papa come capo spirituale della Chiesa, e sono tenuti al celibato, non hanno figli legittimi, e dovrebbero seguire i precetti della Sacra Scrittura. Questi ultimi sono generalmente in contrasto con l'ascesa sociale: essi richiedono umiltà, sottomissione, rinuncia alla gloria e all'onore della famiglia, povertà e disprezzo dei beni di questo mondo, fino alla imitazione radicale di Cristo. Non è escluso che i cardinali leggevano la Bibbia ogni tanto e allora, avrebbero trovato *Matteo*, capitolo 23: «Qui maior est vestrum, erit minister vester», oppure «Qui autem se exaltaverit, humiliabitur: et qui se humiliaverit, exaltabitur». E probabilmente, i giovani chierici che aspiravano alle più alte cariche del cardinalato, utilizzavano la *Regula pastoralis* di san Gregorio, il manuale standard della formazione dei preti, per prepararsi alla cura delle anime. In questo testo non si cita mai l'onore della famiglia, né il rango nella società, né l'aumento dei beni e dei redditi, ma proprio il contrario. Nel terzo libro, cap. 17, per esempio vengono opposti umili ed orgogliosi, e si legge:

---

4. Cfr. W. Maleczek, *Papst und Kardinalskolleg von 1191 bis 1216. Die Kardinäle unter Coelestin III. und Innocenz III.*, Wien 1984, pp. 126-133, con supplementi da Id., *Zwischen lokaler Verankerung und universalem Horizont. Das Kardinalskollegium unter Innocenz III.*, in *Innocenzo III. Urbs et Orbis*. Atti del Congresso internazionale (Roma, 9-15 settembre 1998), a cura di A. Sommerlechner, 2 voll., Roma 2003, I, pp. 141-146. La formazione giuridica di Ugo(lino) viene discussa in più contributi del volume *Gregorio IX e gli ordini mendicanti*, Atti del XXXVIII Convegno internazionale (Assisi, 7-9 ottobre 2010), Spoleto 2011, e in M.P. Alberzoni, *Le legazioni di Ugo d'Ostia (1217-1221) e l'organizzazione della crociata*, in *Legati, delegati e l'impresa d'oltremare (secoli XII-XII)*, Atti del Convegno internazionale di studi (Milano, 9-11 marzo 2011), a cura di M.P. Alberzoni, P. Montaubin, Turnhout 2014, pp. 283-326.

«[...] istis [*scil. elatis*] vero intimandum est quam sit nulla temporalis gloria, quam et amplectentes non tenent. Audiant humiles quam sint aeterna quae appetunt, quam transitoria quae contemnunt; audiant elati quam sit transitoria quae ambiunt, quam eterna quae perdunt».[5] Non vorrei fare un discorso moraleggiante, lagnandomi dell'intreccio fra interessi secolari e vantaggi familiari dei cardinali, perché ciò significherebbe negare una caratteristica fondamentale del mondo medievale, e cioè la forte commistione di temporale e di spirituale. Ma sarebbe sicuramente sbagliato se si volesse trattare l'ascesa sociale come conseguenza del cardinalato solo con categorie sociologiche.

Il tema propostomi sarà trattato con tre domande: 1) In che misura un cardinale contribuisce all'ascesa sociale della propria famiglia per periodi che vanno oltre al suo cardinalato? Si verificano quindi incrementi delle proprietà, moltiplicazioni di funzioni pubbliche e ecclesiastiche, anche molto tempo dopo la morte del cardinale stesso? – 2) Quali sarebbero i motivi per cui un papa dovrebbe aumentare il rango di una famiglia già socialmente riconosciuta, proprio attraverso la creazione di un cardinale? – 3) Può succedere che un cardinalato rimanga senza conseguenza sociale?

Prima di entrare nell'argomento vorrei sottolineare e ripetere che quello fu un periodo specificatamente romano del papato. Fra i 29 papi fra Alessandro III e Benedetto XI – i quattro antipapi fra il 1159 e il 1180 inclusi – dieci provenivano da famiglie romane.[6] Contando gli anni dei pontificati il risultato è ancora più chiaro. Durante questi 145 anni il trono di San Pietro fu occupato da romani per 78 anni, cioè per più della metà. Nella prima parte di questo blocco, fra Clemente III e Gregorio IX, vale a dire per 53 anni, ci furono esclusivamente pontefici romani. Malgrado le aspirazioni sempre più universalistiche dei papi e le mire sempre più esigenti per la *plenitudo potestatis* in tutta la cristianità, Roma e il dominio temporale nel Patrimonio di San Pietro rimanevano sempre ancora una meta politica, a cui concorrevano l'impero svevo, diversi movimenti comunali e l'aristocrazia locale. E questo dominio temporale richiedeva

---

5. Grégoire le Grand, *Règle pastorale*, a cura di B. Judic, C. Morel, 2 voll., Paris 1992, I, p. 362.

6. Vittore IV, antipapa (1159-1164), Clemente III (1187-1191), Celestino III (1191-1198), Innocenzo III (1198-1216), Onorio III (1216-1227), Gregorio IX (1227-1241), Alessandro IV (1254-1261), Nicola III (1277-1280), Onorio IV (1285-1287), Bonifacio VIII (1294-1303).

una larga gamma di rapporti personali, inseriti in un sistema complicato di lealtà verso la propria stirpe, sottomissioni dovute al potere politico-militare e ubbidienze motivate dal diritto canonico. All'interno di questo sistema, i cardinali avevano il compito di consolidare rapporti e guadagnare eventualmente casate romane per il papa, oltre alle funzioni che svolgevano nell'apparato curiale. Ciò spiega il fatto per cui in momenti di crisi i pontefici aumentavano il numero dei cardinali romani. Clemente III, per esempio, inserì 12, probabilmente 14 romani nel suo collegio cardinalizio allargato di 25 persone.[7] Conosciamo l'origine di 26 dei 30 cardinali di Innocenzo III – 14 erano di famiglie romane e fra di loro un certo numero di parenti.[8] Le creazioni del 1204 e del 1206 vanno valutate in rapporto ai sanguinosi conflitti all'interno dell'Urbe negli anni precedenti, che avevano diviso la città in due partiti, uno pro-innocenziano e uno anti-innocenziano. Dopo la vittoria del papa, che impose la pace, le numerose creazioni di chierici romani sembrano essere state un'aspetto della politica di pacificazione.[9]

Ora, torniamo alla prima domanda: l'ascesa sociale di una famiglia che si protrae per un periodo più esteso della durata del cardinalato del suo consanguineo. Ci troviamo di fronte ad un fenomeno costante e duraturo della storia della Chiesa, cioè al nepotismo, al quale Wolfgang Reinhard ha dedicato riflessioni fondamentali e convincenti. Sandro Carocci l'ha illustrato brillantemente per il tredicesimo secolo in riferimento alla storia del papato e del cardinalato.[10] Il nepotismo, che raggiunge un primo culmine in questo secolo, non viene giudicato con categorie morali, ma viene considerato come un mezzo di amministrazione dei beni del casato e, in un senso più ampio, del patrimonio di San Pietro. Il successo di codesto metodo di governo e del favoritismo per i membri del proprio casato dipendeva dal radicarsi del papato a Roma e nel Lazio. Questo avvenne nel 1187/88

---

7. Si vedano i dettagli in H. Tillmann, *Ricerche sull'origine dei membri del collegio cardinalizio nel secolo XII*, in «Rivista di storia della Chiesa in Italia», 29 (1975), pp. 363-402, e in Maleczek, *Papst und Kardinalskolleg*, p. 241 n. 244, e pp. 85 ss.

8. Maleczek, *Papst und Kardinalskolleg*, pp. 125 ss, 292-293.

9. Per gli avvenimenti in dettaglio sempre valido: P. Brezzi, *Roma e l'Impero medioevale (774-1252)* Bologna 1947, pp. 389-404 (*La preponderanza di Innocenzo III*).

10. W. Reinhard, *Nepotismus. Der Funktionswandel einer papstgeschichtlichen Konstanten*, in «Zeitschrift für Kirchengeschichte», 86 (1975), pp. 145-185; S. Carocci, *Il nepotismo nel medioevo. Papi, cardinali e famiglie nobili*, Roma 1999.

quando fu eletto Clemente III che, dopo solo alcuni mesi, riuscì ad arrivare ad un compromesso con il comune capitolino.

Probabilmente la famiglia dei *comites Signie* sarebbe rimasta fra i potenti locali se il giovane e brillante Lotario non fosse riuscito a entrare nel collegio cardinalizio dopo i suoi studi a Parigi resi possibili da potenti protettori negli ambiti curiali. La famiglia di Innocenzo III, che si chiamerà più tardi Conti, deve la sua ascesa alla cerchia delle più cospicue casate romane fino in epoca moderna, grazie all'appoggio massiccio del "suo" papa.[11] Il fratello Riccardo, al quale si deve la costruzione della ben nota Torre dei Conti vicina ai fori imperiali in Roma, fu il capo di un gruppo di parenti fedeli, che furono poi sistemati nella Curia o nell'amministrazione del Patrimonio di San Pietro. La sorella di Innocenzo III divenne la moglie di Riccardo Annibaldi, il figlio del fratello Riccardo sposò una dei Poli, e un altro figlio ottenne un cardinalato. La famiglia di Innocenzo III acquisì notevoli signorie nel sud del Patrimonio di San Pietro, fra le quali spicca la contea di Sora nella zona limitrofa al Regno normanno-svevo, che purtroppo non poté essere conservata dalla famiglia. Il cardinale Stefano e suo fratello Giovanni, nipoti di Innocenzo III, rimasero fra le personalità più influenti fino alla metà del secolo e oltre. Non vogliamo seguire ulteriormente la storia della famiglia che si divise in due rami, quello dei Conti di Poli e dei Conti di Valmontone. La sua ascesa sociale era ormai garantita – e garantita a lungo termine. L'elezione di Michelangelo dei Conti di Poli nell'anno 1721 a papa Innocenzo XIII ne è la prova migliore.[12]

Un altro esempio può essere la famiglia di papa Bonifacio VIII. I Caetani appartenevano alla piccola nobiltà del Lazio meridionale ed avevano il loro centro del potere in Anagni. Solo con Roffredo, il padre di Benedetto Caetani/Bonifacio VIII, escono dall'ombra. Cito Sandro Carocci: «È unicamente all'opera ora astuta, ora violenta di Benedetto Caetani, cardinale e pontefice,

---

11. Per la storia dei *Conti* si veda M. Dykmans, *D'Innocent III à Boniface VIII. Histoire des Conti et des Annibaldi,* in «Bulletin de l'Institut historique belge de Rome», 45 (1975), pp. 19-211; Carocci, *Baroni di Roma,* pp. 371-380; Thumser, *Adel,* pp. 75-97; O. Hanne, *De Lothaire à Innocent III. L'ascension d'un clerc au XII* siècle, Aix-en-Provence 2014, pp. 49-86 («Les origines et la famille»). Per i secoli seguenti cfr. le voci *Conti* nel *Dizionario biografico degli italiani* (da ora *DBI*), XXVIII, Roma 1983. Per il suo nepotismo si veda Carocci, *Il nepotismo,* pp. 111-116.

12. G. Benzoni, *Innocenzo XIII,* in *Enciclopedia dei papi,* III, Roma 2000, pp. 420-429; Id., in *DBI,* LXII, Roma 2004, pp. 500-506.

che la famiglia deve la propria fortuna».[13] La sua abile politica matrimoniale e gli acquisti di signorie, pianificati metodicamente e consolidati giuridica-mente, nonché il sostegno dei sovrani angioini del Regno di Napoli, furono la base del potere temporale dei Caetani, che si estendeva oltre i confini del Patrimonio di San Pietro. Calcoli prudenti permettono di valutare la moneta liquida di Benedetto al momento della sua elezione a 200.000 fiorini.[14] Non vorrei dilungarmi sull'argomento in questa sede, perche è ben noto che i Caetani conservarono il loro prestigio fino al XX secolo e oltre.[15]

Si potrebbe obiettare che l'ascesa sociale dei Conti e dei Caetani fu dovuta non tanto ai cardinali Lotario e Benedetto quanto ai papi Inno-cenzo III e Bonifacio VIII. Questa argomentazione è giustificata solo in parte, perché il nepotismo dei due pontefici iniziò in modo sensibile già prima della loro elezione alla cattedra di Pietro.[16] «Siamo indotti ad insi-stere sulla strutturale somiglianza fra nepotismo cardinalizio e nepotismo papale» (Sandro Carocci).[17] Posso altresì citare l'esempio di un cardinale non salito sul soglio papale che ha contribuito alla gloria della sua fami-glia. Si tratta di Giovanni Colonna, chiamato nel collegio cardinalizio da Innocenzo III nel 1206. Divenne infatti uno dei personaggi chiave della Curia fino alla sua morte avvenuta nel 1245, accumulando meriti e onori tramite funzioni di legato, di amministratore del Patrimonio di San Pietro e di esperto giuridico in numerosi processi condotti nel tribunale papale.[18] I Colonna, la genealogia dei quali può essere seguita sin dalla fine del secolo XI, esercitarono il loro potere principalmente nella zona a

13. Carocci, *Baroni di Roma*, p. 327, appoggiandosi su G. Falco, *Sulla formazione e la costituzione della signoria dei Caetani (1283-1303)*, in «Rivista storica italiana», 42 (1925), pp. 225-278, a p. 225, la storia del casato alle pp. 327-333. Per la storia della fa-miglia ora A. Paravicini Bagliani, *Bonifacio VIII*, Torino 2003, pp. 5-14; P. Herde, *Bonifaz VIII. (1294-1303)*, I, *Benedikt Caetani*, Stuttgart 2015, pp. 1-24. Per il nepotismo del Cae-tani si veda di nuovo Carocci, *Il nepotismo*, pp. 129-136.

14. Carocci, *Baroni di Roma*, p. 33.

15. Cfr. le voci *Caetani*, in *DBI*, XVI, Roma 1973.

16. Carocci, *Il nepotismo*, pp. 63-86, dedica un capitolo intero al «nepotismo car-dinalizio». Sottolinea che nel Duecento il nepotismo cardinalizio riuscì a competere, per consistenza e per effetti, con il nepotismo papale.

17. Carocci, *Il nepotismo*, p. 137.

18. Maleczek, *Papst und Kardinalskolleg*, pp. 154-162; Id., *Zwischen lokaler Veran-kerung*, pp. 152-153; Carocci, *Baroni di Roma*, pp. 353-370; cfr. Thumser, *Adel*, pp. 66-74; P.-V. Claverie, *Honorius III et l'Orient (1216-1227). Étude et publication de sources inédites des Archives vaticanes (ASV)*, Leiden 2013, *passim*.

sud di Roma, ma solo a partire dagli anni Trenta del Duecento divennero una della prime casate romane, potenti nell'amministrazione della città e della Curia pontificia. Questo è sicuramente dovuto al nostro cardinale Giovanni. E si sa bene che il rango dei Colonna si conserverà fino a tempi assai recenti.[19] Un altro esempio sarebbe Giovanni Boccamazza, creato cardinale da Onorio IV nel 1285, che causò una sorta di balzo sociale della sua famiglia, che durò però solo per due generazioni, per mancanza di maschi nella famiglia.[20]

Sandro Carocci ha presentato altri esempi di cardinali che favorirono non solo la propria stirpe ma la città o la zona di origine. Un fattore per il successo del nepotismo cardinalizio è anche la longevità di alcuni cardinali dominanti della seconda metà del secolo, una fortuita circostanza.[21]

Passiamo ora alla seconda domanda: quali sarebbero i motivi per cui un papa crea un cardinale proveniente da una famiglia già di spicco? Prima di discutere questa questione vorrei ricordare punti ben noti. La creazione di un cardinale è un diritto esclusivo del papa, e mai nella storia, altre istanze sono riuscite a stabilire una partecipazione giuridicamente fissata, neanche il collegio cardinalizio stesso. Decide solo lui, sè un membro di un clan dell'aristocrazia romana possa occupare o meno uno dei più alti ranghi della gerarchia ecclesiastica: la presenza o l'assenza di romani all'interno del collegio cardinalizio è sempre un indizio dei rapporti del papa con l'Urbe e i suoi dintorni. I motivi di una creazione cardinalizia rimangono quasi sempre in ombra e lasciano spazio a ipotesi più o meno convincenti. Ma è chiaro che quasi tutti i cardinali cercavano di influenzare il pontefice nel chiamare un membro del proprio clan o della famiglia cardinalizia, soprattutto quando si trattava di aumentare il potere a Roma o nel Patrimonio di San Pietro. In effetti, specialmente i cardinali romani venivano nominati abbastanza spesso come rettori dello Stato della Chiesa, mettendo a profitto la loro rete di rapporti fra l'aristocrazia locale. Alcune delle creazioni di cardinali romani possono essere interpretate in questo senso. Alessandro III chiamò due Pierleoni a distanza di sette anni ma ciò avvenne quando l'apogeo di questa casata

---

19. Cfr. *DBI*, XXVII, Roma 1982.

20. Carocci, *Baroni di Roma*, pp. 321-326; cfr. Thumser, *Adel*, pp. 51-52; W. Maleczek, *Die Urkunden des päpstlichen Legaten Johannes Boccamazza, Kardinalbischofs von Tusculum, aus den Jahren 1286 und 1287*, in «Archiv für Diplomatik», 59 (2013), pp. 35-132.

21. Carocci, *Il nepotismo*, pp. 73-78, 81-82.

era già passato.[22] Quando Innocenzo III, alla fine del suo conflitto con il comune romano, creò un altro Pierleoni nel 1204,[23] questo appare come il tentativo di ingraziarsi veramente tutte le famiglie romane. Cito un altro esempio. La famiglia dei *filii Ursi*, degli Orsini, vide stabilito il suo rango sociale con la creazione di Aldobrandino Orsini da parte di Onorio III nel 1217.[24] Il suo cardinalato rimase banale e durò solo quattro anni senza eventi importanti. Ma fu una tappa importante del cammino degli Orsini nel cerchio delle prime famiglie romane del Duecento. Ci saranno sempre degli Orsini fra i cardinali: Innocenzo IV creò Giangaetano nel 1244, che divenne poi papa Nicola III dopo un cardinalato di oltre trent'anni.[25] Egli coltivò sempre, prima e dopo la sua elezione, i rapporti con la sua famiglia e, dove fu possibile, distribuì benefici fra fratelli e nipoti. Matteo Rosso Orsini divenne cardinale nel 1262,[26] Giordano Orsini nel 1278[27] e Napoleone Orsini ottenne la dignità nel 1288 e divenne una delle personalità chiave durante i primi tre pontificati avignonesi.[28]

Questa scelta dei cardinali fra le famiglie dominanti poteva avere degli effetti dannosi, anzi paralizzanti, come dimostra la storia della lunga vacanza fra il 1268 e il 1271.[29] Dopo diversi tentativi di eleggere il successore di Clemente IV con una maggioranza di due terzi, i cardinali presenti decisero di procedere al sistema del compromesso, cioè di delegare il voto

22. Ugo Pierleoni, vescovo di Piacenza 1154-1166, cardinale-vescovo di Tuscolo 1166; un altro Ugo Pierleoni, probabilmente nipote del primo, cardinale-diacono di Sant'Angelo 1173-1178, cardinale-prete di San Clemente 1178-1182. Tillmann, *Ricerche*, pp. 369-370. Per la storia della famiglia vedi Carocci, *Baroni di Roma*, pp. 24, 26, 35 ss., 343, 423; Thumser, *Adel*, pp. 181-184; M. Vendittelli, in *DBI*, LXXXIII, Roma 2015, *s.v. Pierleoni, famiglia*.
23. Maleczek, *Papst und Kardinalskolleg*, pp. 140-141; Id., *Zwischen lokaler Verankerung*, pp. 148-149.
24. Per la storia degli Orsini cfr. Carocci, *Baroni di Roma*, pp. 387-404; Thumser, *Adel*, pp. 140-157; per Aldobrandino, P. Silanos, in *DBI*, LXXIX, Roma 2013, pp. 613-615.
25. F. Allegrezza, in *DBI*, LXXVIII, Roma 2013, pp. 351-357.
26. P. Pavan, in *DBI*, LXXIX, Roma 2013, pp. 674-677.
27. M. Vendittelli, *DBI*, LXXIX, Roma 2013, solo online: http://www.treccani.it/enciclopedia/giordano-orsini_res-62250d3c-3730-11e3-97d5-00271042e8d9_%28Dizionario-Biografico%29/ (22 luglio 2016).
28. G. Barone, in *DBI*, LXXIX, Roma 2013, pp. 677-681.
29. Cfr. lo studio esauriente di A. Fischer, *Kardinäle im Konklave. Die lange Sedisvakanz der Jahre 1268 bis 1271*, Tübingen 2008.

a un gruppo di sei membri del collegio elettorale, aspettandosi una più veloce decisione. In questa cerchia più ristretta sedevano tre esponenti di famiglie romane, e cioè Riccardo Annibaldi, Giangaetano Orsini e Giacomo Savelli, e un membro di un casato toscano, Ottaviano Ubaldini. Tutti e quattro non solo avevano conseguito un potere significativo tramite terre, funzioni e legami di parentela, ma avevano anche ampliato metodicamente l'estensione della loro influenza con la prospettiva di salire un giorno al soglio pontificio. Come hanno dimostrato le ricerche di Andreas Fischer, la lunga sedisvacanza non fu causata da partiti francesi, angioini o ghibellini all'interno del collegio cardinalizio, ma da una paralisi dovuta a questi tre cardinali romani e da quello toscano, che miravano al papato, anche per allargare il potere delle loro famiglie in Italia centrale. Questo blocco degli esponenti di famiglie potenti condusse infine, dopo lunghe trattative, all'elezione di un esterno, l'arcidiacono di Liegi, Tebaldo Visconti che assunse il nome di Gregorio X. Una paralisi analoga, ovvero quella dovuta agli Orsini e ai Colonna in competizione dopo la morte di Nicola IV nell'aprile del 1292, con l'elezione dell'outsider Celestino V, non verrà trattata in questa sede.[30]

Passiamo ora alla terza domanda. Un cardinalato poteva non avere effetti nell'ascesa sociale di una famiglia? Una frase introduttiva a questo tema mi pare utile, anche se può sembrare banale. L'ascesa sociale di una famiglia tramite il cardinalato presuppone l'esistenza di un candidato adatto – un giovane maschio, abbastanza intelligente, colto, pronto alla vita del chierico, cioè al celibato e alla disciplina all'interno della gerarchia, obbediente al papa. Si può immaginare che non fosse sempre il caso fra le famiglie romane. Ora passo quindi al cardinalato senza conseguenze sociali. Scelgo come esempio Cencio, il futuro papa Onorio III (1216-1227).[31] La sua famiglia di origine romana è ignota. L'attribuzione ai Savelli, che non è per nulla provata, risulta dall'invenzione di Onofrio Panvinio, erudito del

30. Cfr. P. Herde, *Cölestin V. (1294) (Peter vom Morrone). Der Engelpapst*, Stuttgart 1981, pp. 31-83; E. Gigli, *Il cardinale Latino Malabranca e l'elezione di Celestino V*, in *Celestino V nel settimo centenario della morte*, Atti del Convegno nazionale (Ferentino, 10-12 maggio 1996), a cura di B. Valeri, Casamari 2001, pp. 83-103.

31. Cfr. ora la poderosa tesi di V. Skiba, *Honorius III. (1216-1227). Seelsorger und Pragmatiker*, Stuttgart 2016 (808 pagine) che sostituisce la vecchia monografia di J. Clausen, *Papst Honorius III. (1216-1227)*, Bonn 1895. Cfr. Maleczek, *Papst und Kardinalskolleg*, pp. 1111-113; Id., *Zwischen lokaler Verankerung*, pp. 139-140; S. Carocci, M. Vendittelli, *Onorio III*, in *DBI*, LXXIX, Roma 2013, pp. 372-377.

Cinquecento,[32] ed anche il legame ai Capocci romani, proposta da Matthias Thumser,[33] risulta molto discutibile. Contrariamente alla sua affermazione, contenuta nell'introduzione del *Liber Censuum*, che egli debba tutto alla Chiesa di Roma,[34] si può supporre che la sua famiglia fosse attiva all'interno della burocrazia curiale nell'ultimo quarto del XII secolo, migliorando così la propria posizione. Nel 1188 Cencio era canonico di Santa Maria Maggiore e camerario di Santa Romana Chiesa. Conservò questa funzione sotto Celestino III e compilò nel 1192 il famoso *Liber Censuum*, appoggiandosi a lavori preparatori e a ricerche nell'archivio pontificio. In compenso ricevette la diaconia di Santa Lucia nel 1193 e nell'anno seguente la funzione di capo della cancelleria pontificia. Divenne così uno dei personaggi più influenti sotto Celestino III. Ma il suo successore, Innocenzo III, lo emarginò completamente, nonostante la sua promozione a cardinale prete dei Santi Giovanni e Paolo. Fino alla propria elezione nel 1216 egli svolse un ruolo di un cardinale di Curia quasi invisibile. In questi anni, ma anche durante il suo pontificato fino al 1227, che viene normalmente sottovalutato a causa del suo predecessore molto più in vista, non appare neanche la più piccolo forma di favoritismo della propria famiglia, che rimane nell'anonimato. La valutazione di Onorio III come vegliardo debole e incapace di opporsi al giovane e dinamico Federico II è ormai superata dalla storiografia recente, ma questa assenza completa di nepotismo e di protezione dei propri familiari sorprende. La spiegazione rimane ipotetica. Forse non c'erano maschi nella parentela. Ciò induce a stare in guardia rispetto a concetti troppo meccanicistici nel campo della storia sociale. L'equazione cardinalato uguale ascesa sociale non ha soluzioni.

Riassumo e cerco di rispondere alle mie tre domande.

Gli esempi di Lotario da Segni/Innocenzo III e Benedetto Caetani/Bonifacio VIII e sopratutto di Giovanni Colonna dimostrano che un cardinalato contribuisce normalmente all'ascesa sociale della famiglia, forse meglio: del casato.

I motivi per la nomina del cardinale rimangono molto spesso nell'ombra, ma si può facilmente ipotizzare che i papi, stabilendo il proprio potere

---

32. J. Sayers, *Papal Government and England during the Pontificate of Honorius III (1216-1227)*, Cambridge 1984, pp. 1-15, rimane dalla vecchia attribuzione.

33. Thumser, *Adel*, pp. 60-61.

34. «[...] recognoscens etiam personam meam a sancta Romana ecclesia primis a cunabulis educatam, promotum in omnibus et creatam»: *Le Liber Censuum de l'Église romaine*, a cura di P. Fabre, L. Duchesne, G. Mollat, 3 voll., Paris 1889-1952, I, p. 2.

su Roma e il vicino Patrimonio di S. Pietro, si appoggiassero alle grandi famiglie romane e ai legami di parentela. Come la lunga vacanza di 1268-1271 dimostra bene, tale politica cardinalizia può condurre al blocco e all'asfissia.

L'esempio di Cencio/Onorio III rende chiaro quanto uno schema meccanicistico sia sbagliato. Il cardinalato non è un mezzo infallibile di ascesa sociale. Anche l'imprevedibile e il libero arbitrio trovano il loro posto nella storia sociale.

Maria Teresa Caciorgna

Dinamiche di Curia e ascese sociali (secoli XIII-XIV). Esempi e riflessioni

1. *Chierici di successo: scelte e carriere*

Le dinamiche sociali occupano un rilievo particolare nell'affermazione di individui o gruppi/famiglie, come è stato evidenziato dal dibattito storiografico che mette in relazione stratificazioni e gerarchie attraverso la combinazione di più fattori. Le istituzioni ecclesiastiche, pur con forme, modalità e livelli diversificati, hanno rappresentato un vettore di mobilità, per lo più ascendente, che a seconda dei tempi e delle circostanze ha indirizzato i destini e le carriere di quanti da chierici o da laici vi sono entrati. La riorganizzazione del *Patriarchium* lateranense nel XII secolo ha creato le premesse all'articolazione dell'apparato burocratico della Curia romana che nei secoli successivi è stato completato da numerosi uffici. Di conseguenza le carriere nella Curia romana e negli organi periferici delle province pontificie hanno costituito un fattore di mobilità, che va considerata nelle diverse forme sociale, economica, per lo più in ascesa, ma anche geografica.

Ho scelto di trattare in questo intervento dei percorsi di un gruppo di personaggi, chierici originari della regione laziale, attratti verso la città del papa, che nella Curia romana o al seguito di un cardinale hanno costruito la loro affermazione.

Nell'approccio al tema, volendo definire sul territorio i più ampi sviluppi nei quali le carriere ecclesiastiche erano inserite, possiamo utilizzare come primo gradino di conoscenza l'approccio suggerito da Pierre Toubert a proposito del Lazio meridionale. L'inserimento nel sistema di poteri istituzionali e sociali, egli diceva, operava nell'area una sorta di drenaggio delle migliori energie intellettuali per proiettarle nelle diverse dinamiche curiali e offriva ad esse la possibilità di emergere e di affermarsi.[1] Ma, dicevo, questo è solo il primo gradino, perché indica l'aspetto più superficiale della conoscenza. Trattandosi di un'osservazione generale, nulla ci dice, né poteva dircelo sui fattori che attivavano il processo. Non erano solo ragioni occasionali o casuali, ma nei diversi casi ci si deve interrogare fino a qual punto fossero le dinamiche messe in atto dalle istituzioni ecclesiastiche tipiche e proprie della città che innescavano rapporti economici, sociali e politici privilegiati con persone della provincia. Per quali motivi, inoltre, tali rapporti attivavano passaggi che non si fermavano a Roma nel più che variegato cosmo della Curia papale ma proiettavano laici e chierici verso circuiti più ampi che talora raggiungevano una dimensione che potremmo definire internazionale.

La scelta di trattare del XIII secolo in riferimento a personaggi dell'attuale regione laziale è pressoché obbligata per alcuni fattori che hanno reso solidali oltreché salde le relazioni tra la Sede papale e gli esponenti di questo ambito geografico. La crescita dell'apparato burocratico della Curia romana e la progressiva riserva pontificia nell'assegnazione di benefici nel corso del XIII secolo,[2] si combinavano con la presenza sul soglio pontificio di ben quattro papi (Innocenzo III, Gregorio IX, Alessandro IV e Bonifacio VIII) originari del Lazio meridionale, ciascuno dei quali aveva tutto l'interesse a circondarsi di persone delle quali aveva stima, sulla cui fedeltà poteva contare.[3] Nel XIV secolo il trasferimento della Curia pontificia ad Avignone[4] e la drastica riduzione negli uffici di italiani in genere e del Lazio meridionale in particolare ha interrotto quel legame privilegiato con le province dello Stato e specialmente con la Campagna e Marittima, la provincia che aveva

1. P. Toubert, *Les structures du Latium médieval. Le Latium méridional et la Sabine du IX siècle à la fin du XIIe siècle*, 2 voll., Roma 1973, II, pp. 1045-1048.

2. Sulla crescita degli apparati della Curia romana e del potere pontificio, A. Paravicini Bagliani, *Il trono di Pietro. L'universalismo del papato da Alessandro III a Bonifacio VIII*, Roma 1995; sulla politica beneficiale M. Begou-Davia, *L'interventionnisme bénéficial de la papauté au XIIIe siècle. Les aspects juridiques*, Paris 1997 e P. Montaubin, *Les chapitres cathédraux séculiers de Normandie et la centralisation pontificale au XIIIe siècle*, in *Chapitres et cathédrales en Normandie*, a cura di S. Lemagnen, Ph. Manneville, Caen 1997, pp. 253-272.

3. Come ha dimostrato Sandro Carocci, la predilezione dei papi e dei cardinali non era dovuta solo ad una mera politica nepotistica, ma alla base del favore verso i parenti giocavano una serie di ragioni che per certi versi lo rendevano uno strumento di governo, S. Carocci, *Il nepotismo nel medioevo. Papi, cardinali, famiglie nobili*, Roma 1999.

4. Sulla Curia pontificia ad Avignone, B. Guillemain, *La cour pontifical d'Avignon*, Paris 1962.

costituito già dai secoli XI e XII un laboratorio per il governo temporale e un bacino di reclutamento per il personale della Curia pontificia.[5] Ho rivolto l'attenzione ad un limitato gruppo di esponenti del mondo curiale, quasi tutti cardinali, che con le loro *familiae* arrivavano a formare un numero consistente di chierici che dai castelli di origine si trasferivano a Roma per lo più nella Curia romana, oppure spostandosi al seguito di un cardinale, di un vescovo, di un patriarca si insediavano anche in zone molto lontane. Essi mettevano in campo una forma di mobilità geografica che comportava un cambiamento di *status* sociale che investiva non solo i diretti beneficiari ma anche quelli più vicini nella scala sociale. I personaggi per i quali è possibile ricostruire percorsi, strategie di affermazione e ricadute sull'ambiente di origine comprendono Giordano, Stefano e Annibaldo da Ceccano,[6] Gregorio da Montelongo, Pietro da Collemezzo, Stefano di Anagni, Pietro Valeriani da Priverno, Goffredo da Alatri, Leonardo da Guarcino, Giordano Pironti, Riccardo di Pofi, tutti originari di Campagna e Marittima. Decisamente contenuta la scelta per il Patrimonio che si concentra sulla forte personalità di Raniero Capocci di Viterbo,[7] e per la Sabina su quella di Sinibaldo de Labro di Rieti.[8] La selezione suggerita dalle fonti rimaste conferma il largo ricorso

5. E. Petrucci, *Innocenzo III e i comuni dello Stato della Chiesa. Il potere centrale*, in *Società e istituzioni dell'Italia comunale: l'esempio di Perugia (secoli XII-XIV)*, Atti del Convegno internazionale (Perugia, 6-9 novembre 1985), Perugia 1988, I, pp. 91-135.

6. Sui diversi personaggi esaminati, ho fatto ricorso in primo luogo alle voci del *Dizionario biografico degli italiani* (da ora *DBI*), e ai testi di A. Paravicini Bagliani, *Cardinali di Curia e "familiae" cardinalizie dal 1227 al 1254*, 2 voll., Padova 1972, e Id., *I testamenti dei cardinali del Duecento*, Roma 1980, incrementati da studi specifici, anche nei casi di personaggi che non hanno avuto una voce biografica. Di seguito il riferimento alle voci V. Pfaff, *Ceccano, Giordano, da*, in *DBI*, XXIII, Roma 1979, pp. 190-191; a Stefano non è stata dedicata una voce specifica ma v. più avanti p. 33; B. Guillemain, *Caetani Annibaldo (Annibale)*, in *DBI*, XVI, Roma 1973; M.P. Alberzoni, *Gregorio da Montelongo*, in *DBI*, LIX, Roma 2002; W. Maleczek, *Gregorio da Montelongo*, in *Federico II. Enciclopedia fridericiana*, 3 voll., Roma 2005-2008, I, pp. 786-787; G. Vendittelli, *Pietro da Collemezzo*, in *DBI*, LXXXIII, Roma 2015; F. Delle Donne, *Goffredo da Alatri*, in *DBI*, LXVII, Roma 2001; S. Ferdinandi, *Leonardo da Guarcino*, in *DBI*, LXIV, Roma 2005; M.T. Caciorgna, *Pironti Giordano*, in *DBI*, LXXXIV, Roma 2015.

7. N. Kamp, *Capocci, Raniero (Raynerius de Viterbio)*, in *DBI*, XVIII, Roma 1975, pp. 608-616; T. Di Carpegna Falconieri, *Ranieri di Viterbo*, in *Federico II. Enciclopedia fridericiana*, II, pp. 561-563.

8. Sono pochi i personaggi di Rieti e della Sabina che spiccano nella Curia pontificia nel primo Duecento: tal Dono di Rieti rettore di Campagna e Marittima nel 1235 ha lasciato pochissime tracce di sé, scompare dalle lettere pontificie e neppure in ambito reatino ha

dei pontefici a mettere a frutto le reti di relazioni consolidate ben prima di
divenire pontefici, invece il limitato numero di personale di Rieti e di Viterbo deve essere imputato alle contrastate relazioni con le due città nella prima
metà del Duecento soprattutto per gli interventi dell'imperatore Federico II.[9]
Ho deliberatamente ridotto l'enorme numero dei chierici la cui ascesa è stata
nettamente favorita dalle relazioni con Bonifacio VIII, soltanto alcuni di essi
avevano intrapreso una carriera ben delineata negli anni Ottanta del Duecento agli esordi del cardinale Benedetto Caetani, che in seguito può aver
accelerato il percorso di affermazione.[10]

I personaggi presi in esame, lungi dal costituire una tipologia definita,
hanno in comune l'origine geografica cioè la regione laziale. La collocazione socio-economica delle famiglie di provenienza è di livello elevato,
ma non tutti appartengono alla nobiltà come i Da Ceccano. L'affermazione
della famiglia di Leonardo da Guarcino era iniziata con uno zio divenuto
vescovo di Patrasso,[11] Goffredo di Alatri rientrava nella piccola nobiltà di
Alatri, Pietro da Collemezzo, Gregorio da Montelongo, Sinibaldo de Labro, Riccardo di Pofi erano originari di modesti castelli nei quali avevano
alcuni diritti signorili.[12] I Pironti di Terracina, i Valeriani di Priverno, la fa-

lasciato testimonianze significative; più testimoniato lo scrittore di cancelleria e notaio *Te-
netor de Reate*, su cui cfr. G.F. Nüske, *Untersuchungen uber das Personal der papstlichen
Kanzlei, 1254-1304*, in «Archiv fur Diplomatik», 20 (1974), pp. 39-240: p. 78. Sinibaldo di
Labro, della famiglia dei signori dell'omonimo castello, camerario del cardinale Ottaviano
Ubaldini, è rimasto fedele alla Chiesa romana, e diversi suoi parenti saranno inseriti nelle
carriere in Curia, R. Brentano, *A New World in a Small Place. Church and Religion in the
Diocese of Rieti, 1118-1378*, Berkley-Los Angeles-Oxford 1994, *ad indicem*.

9. Sulla politica pontificia cfr. S. Carocci, *Vassalli del papa. Potere pontificio e città
nello Stato della Chiesa (XII-XV sec.)*, Roma 2010, pp. 11-17; M.T. Caciorgna, *Il papa
"sovrano". Lo Stato della Chiesa e il suo governo (fino al ritorno da Avignone)*, in *Storia
religiosa dell'Italia*, I, a cura di L. Vaccaro, Milano 2016, pp. 201-227.

10. Negli ultimi anni la bibliografia su papa Caetani si è arricchita di numerosi titoli,
tra i quali cfr. A. Paravicini Bagliani, *Bonifacio VIII*, Torino 2003. Per ricostruire la vasta
rete di legami è fondamentale il volume di T. Boespflug, *La curie au temps de Boniface
VIII. Etude prosopographique*, Roma 2005. Tra i tanti personaggi che hanno avuto strette
relazioni con Bonifacio VIII ho preso in esame Pietro Valeriani di Priverno e Leonardo (da
Patrasso) da Guarcino.

11. Sulla famiglia: G. Floridi, *Storia di Guarcino*, Guarcino 1971, pp. 262 ss.

12. Riccardo di Pofi dovrebbe appartenere alla consorteria che nel Duecento aveva
la signoria sui castelli di Ripi, Pofi e Torrice, ricordati come signori *Terre Pofharum*. Su
Riccardo di Pofi, P. Herde, *Aspetti retorici dell'epistolario di Riccardo da Pofi: documenti
papali autentici o esercitazioni letterarie?*, in *Dall'"ars dictaminis" al preumanesimo? Per

miglia di Stefano cappellano, i Capocci di Viterbo[13] appartenevano all'aristocrazia cittadina, *milites,* soltanto la carriera e il *cursus* degli esponenti individuati consentirono alle loro famiglie di compiere un balzo in avanti nelle società locali.

Un fattore determinante per una carriera di successo è il capitale culturale del quale ciascuno disponeva, per il quale le famiglie di origine avevano investito e gli stessi prelati, consapevoli dell'alto valore della cultura come fattore di ascesa sociale, si prodigarono nell'assicurare sostanze patrimoniali da spendere per fornire un'adeguata formazione ai nipoti e collaterali.[14] Hanno tutti conseguito un notevole livello di istruzione, anche se negli studi universitari non tutti hanno raggiunto i gradi più elevati: Pietro Valeriani, Leonardo da Guarcino, Annibaldo da Ceccano,[15] Pietro da Collemezzo,[16] anche Gregorio da Montelongo è *magister* dal 1236.[17] I nomi di Raniero Capocci, Giordano Pironti, Riccardo di Pofi sono accom-

---

un profilo letterario del secolo XIII, a cura di F. Delle Donne, F. Santi, Firenze 2013, pp. 1-21 (dell'estratto).

13. Il cognome Capocci fu assunto solo intorno al 1300 dai figli di Pandolfo, uno dei nipoti del cardinale, Kamp, *Raniero.*

14. A Bologna un parente di Gregorio IX, Andrea Vetuli di Anagni aveva acquistato, nel 1238, una casa, passata poi ai Colonna, che servì di residenza a tanti chierici che dai paesi di Campagna e Marittima andavano a completare gli studi nell'università bolognese, come ricordato negli *Acta Sanctorum.* Sulle vicende della casa e le testimonianze di studenti cfr. T. Schmidt, *Ein studentenhaus in Bologna zwischen Bonifaz VIII und den Colonna,* in «Quellen und Forschungen aus Italienischen Bibliotheken und Archiven», 67 (1987), pp. 108-141. Nella stessa casa stette Pietro Valeriani e in seguito il fratello Massimo e i suoi nipoti (Massimo e Biagio). Pietro di Collemezzo raggiunse Parigi per gli studi di teologia, Vendittelli, *Pietro da Collemezzo.* Scuole di retorica e grammatica funzionavano in Terra di lavoro, nel Regno ma confinante con le terre della Chiesa, che potrebbero aver costituito il primo approdo per molti studenti della provincia di Campagna e Marittima, F. Delle Donne, *Una silloge epistolare della seconda metà del XIII secolo,* Firenze 2007; Id., *La cultura e gli insegnamenti retorici latini nella Terra di lavoro nell'Alta Terra di lavoro,* in Id., *Suavis terra, inexpugnabile castrum. L'alta Terra di Lavoro dal dominio svevo alla conquista angioina,* Napoli 2007, pp. 133-157.

15. Pietro da Collemezzo dovrebbe aver insegnato a Parigi, così Pietro Valeriani e Leonardo da Guarcino ed anche Annibaldo da Ceccano, che trascorse la gran parte della sua vita alla Curia avignonese.

16. Paravicini Bagliani, *Cardinali di Curia,* I, pp. 168-185 ; II, pp. 451, 513 ss.; P. Montaubin, *Les clercs italiens dans les Eglises normandes au XIIIe siècle,* in «Cahier des Annales de Normandie», 29 (2000), pp. 67-82.

17. Gregorio da Montelongo era più esperto nell'arte della guerra che nelle lettere secondo il giudizio di Salimbene di Adam, nondimeno dopo l'entrata in Curia dovrebbe aver

pagnati inizialmente dalla qualifica di notaio, sostituita poi da *magister*, ma per questi ultimi il tratto distintivo sta nella versatilità e perizia nell'*ars dictaminis,* in quello *stilus Curiae Romanae* fiorente nella cancelleria pontificia almeno da Onorio III.[18]

I loro percorsi sono stati costruiti per gradi successivi da canonici della chiesa locale o abati di monasteri come Giordano e Stefano da Ceccano di Fossanova, entrati nella Curia romana come notai, alcuni di essi raggiunsero il massimo livello come vicecancellieri (Pironti, Valeriani).[19] Carriere svoltesi a Roma, o al seguito della Curia, inframmezzate da incarichi funzionariali nelle province pontificie: ben cinque sono rettori per più anni: Capocci, Pironti, Pietro Valeriani, Stefano di Anagni, Goffredo di Alatri – non fu rettore ma ebbe l'incarico di controllare Ceprano e le terre del confine meridionale.[20]

La nomina a cardinali ha completato per alcuni un percorso di affermazione scandito da successive tappe, in cui l'aver ricoperto funzioni di legato pontificio in Italia o presso le corti straniere (inglese, francese, spagnola) ha esaltato la fama, quella reputazione personale divenuta un carattere essenziale per la valutazione del personaggio nelle gerarchie ecclesiastiche, che proiettava benefici effetti sulla famiglia, sull'ambiente di provenienza.

Alcuni di essi sono stati elevati al soglio cardinalizio di chiese romane, ma non di quelle più importanti, che, secondo una consuetudine non scritta ma seguita, erano assegnate agli esponenti della nobiltà di Roma, a questi personaggi toccarono titoli cardinalizi di chiese decentrate per le quali vi erano meno appetiti da parte dei baroni.[21] Pietro Valeriani e Leonardo di

conseguito i titoli accademici ed infatti dal 1238 è chiamato *magister*: Alberzoni, *Gregorio da Montelungo.*

18. Delle Donne, *Premessa,* in *Dall'"ars dictaminis" al preumanesimo,* pp. VII-XII.

19. Giordano Pironti, notaio intorno al 1246, nominato vicecancelliere nel 1256 fino al 1262 quando divenne cardinale; Pietro Valeriani fu vicecancelliere dal 1295-1297.

20. Raniero di Viterbo rettore del Patrimonio di San Pietro in Tuscia dal 1220 al 1223; Stefano di Anagni cappellano di Gregorio IX e Giordano Pironti furono rettori di Campagna e Marittima, l'uno negli anni 1236-1239, l'altro dal 1252 e forse fino alla fine della vita nel 1269; Goffredo di Alatri con il controllo del castello di Ceprano e dei confini meridionali delle Terre della Chiesa poté concentrare un vasto dominio.

21. Sul clero romano cfr. T. di Carpegna Falconieri, *Il clero di Roma nel Medioevo. Istituzioni e politica cittadina (secoli VIII-XIII),* Roma 2002; Id., *Strumenti di preminenza. Benefici e carriere ecclesiastiche (secoli XII-XIV),* in *La nobiltà romana nel Medioevo,* a cura di S. Carocci, Roma 2006, pp. 199-2010, in particolare, pp. 207-208. Tra i titoli cardinalizi Raniero Capocci fu cardinale diacono di Santa Maria in Cosmedin, Pietro da Collemezzo, cardinale vescovo di Albano, Giordano Pironti cardinale diacono dei Santi Cosma e Damiano, Pietro Valeriani cardinale

Guarcino hanno tratto beneficio dal legame e favore di Bonifacio VIII, ma sia Leonardo di Guarcino sia Pietro Valeriani avevano tutte le credenziali, il capitale culturale e sociale secondo i marcatori evidenziati da Pierre Bourdieu.[22] in partenza per assurgere a ruoli di rilievo.

2. Dalla biografia personale alla ricaduta sui parenti

Le biografie consentono di individuare per ciascuno il percorso, il livello raggiunto, chiariscono la posizione nelle gerarchie ecclesiastiche, sottolineano talora un carattere comune rappresentato dal forte legame mantenuto con la famiglia di origine e con l'ambiente di provenienza, che resta costante nell'arco di tutta l'esistenza del personaggio, e, come altri studi hanno evidenziato,[23] accomuna la gran parte dei prelati. Il cardinalato corona un percorso proficuo di onori che ha avuto un grosso peso nel dilatare le potenzialità e capacità di intervento verso parenti e conterranei, però non solo in quel periodo il chierico poteva agire a favore dei vicini in quanto il sostegno aveva modo di esplicarsi già agli inizi dell'entrata in ruoli e funzioni nuove. Anche coloro che si fermavano a livelli inferiori di carriera avevano occasione di sviluppare la base della loro famiglia.

L'ecclesiastico metteva a disposizione del suo ambiente e della sua famiglia diversi strumenti che si configuravano come vantaggi immediati come il sostegno economico per acquisti patrimoniali, concessioni di castelli pur dietro corrisposte[24] e, se i testamenti, i lasciti, le donazioni *post mortem* fotografano parte delle ricchezze accumulate e sono la manifesta-

diacono di Santa Maria Nuova, Leonardo da Guarcino, cardinale vescovo di Albano, Goffredo di Alatri cardinale di San Giorgio al Velabro. I da Ceccano ottennero la porpora cardinalizia in chiese importanti: Giordano, fu cardinale prete di Santa Pudenziana; Stefano cardinale diacono di Sant'Angelo in Pescheria poi cardinale prete dei Santi Apostoli, Annibaldo ebbe dapprima il titolo di San Lorenzo in Lucina poi quello di cardinale vescovo di Tuscolo.

22. P. Bourdieu, *La distinzione. Critica sociale del gusto*, Bologna 1983 (ed. or. Paris 1979); cfr. anche E. Anheim, F. Menant, *Mobilité sociale et instruction. Clercs et laics du milieu du XIIIe au milieu du XIVe siècle*, in *La mobilità sociale nel Medioevo*, a cura di S. Carocci, Roma 2010, pp. 341-379.

23. Il rimando d'obbligo è a Carocci, *Il nepotismo*, e alle relazioni al convegno *Mobilità sociale e mondo ecclesiastico. Italia, XII-XV secolo* (Roma, 4-6 febbraio 2016), in corso di stampa.

24. Secondo fonti viterbesi, il cardinale Raniero aveva concesso al nipote Pandolfo (1250-1297) i diritti della Chiesa a Valentano, Montalto e Canino contro un prestito di

zione delle potenzialità dei chierici all'acme di una carriera di successo nondimeno un supporto indiretto per parenti e collaterali era fornito tanto con gli incarichi a carattere civile, nomine negli uffici di Curia, nelle cariche comunali e tra gli ufficiali delle province pontificie, quanto con quelli ecclesiastici, come cappellani pontifici, nella propria *familia* o in quella di un cardinale amico,[25] negli uffici della cancelleria pontificia, nei benefici ottenuti in chiese lontane. Proprio il trasferimento, soprattutto nella prima metà del Duecento, quando era più vincolante per il chierico la residenza nella chiesa assegnatagli, portò a ricreare comunità di collaterali e vicini in diocesi fuori d'Italia. Pietro da Collemezzo, divenuto arciprete di Rouen, divenne, possiamo dire, un battistrada che accolse conterranei e parenti in ruoli diversi in chiese della Normandia, dove venne creato uno spazio sociale a forte presenza di italiani per tutto il Duecento.[26] Gregorio di Montelungo, dopo aver ricoperto funzioni di legato pontificio nel comune di Milano, nominato patriarca di Aquileia, dedicò a questo compito tutte le sue energie coinvolgendo nel governo civile e religioso suoi parenti e collaboratori dei suoi luoghi di origine, specialmente di Ferentino.[27]

1.000 marchi. Queste concessioni ponevano le basi per l'acquisizione di diritti signorili nel contado di Viterbo: C. Pinzi, *Storia della città di Viterbo*, II, Roma 1889, pp. 135 ss.

25. Scorrendo gli elenchi delle *familiae* cardinalizie risalta l'ampio ricorso a cappellani, notai, *domicelli*, ma anche cuochi, *scutiferi,* maniscalchi, servienti in genere del luogo di origine o dei luoghi vicini, cfr. Paravicini Bagliani, *Cardinali di curia*. Esempi significativi sono i testamenti di Goffredo di Alatri, Leonardo da Guarcino: Id., *I testamenti*, rispettivamente, pp. 229-233; pp. 384-409.

26. Tra i chierici, canonici, vescovi o arcipreti, la cui nomina può essere ricondotta all'intervento del Collemezzo ricordiamo Guido di Giacomo di Collemezzo canonico di Bayeux, Giovanni de Campania, Pietro de Papa, Trasmondo, Rolando di Ferentino, Adinolfo di Anagni, che divenne professore di teologia a Parigi, cfr. Montaubin, *Les clercs*, pp. 72-76; sulla *familia* cardinalizia di Pietro da Collemezzo, Paravicini Bagliani, *Cardinali di curia*, I, pp. 169-185.

27. Gregorio da Montelongo nominò il nipote Lando nel 1254 podestà di Capodistria e Pirano e condusse alcune importanti campagne militari; nel 1258 Lando riceveva l'infeudazione di un castello confiscato a un ribelle, nel 1267 rinunciò all'investitura di altri beni, che passarono al figlio ancora minorenne Giovanni; un altro figlio di Lando, Gregorio, divenne pievano di Gemona. Un nipote del patriarca, Giovanni de Verraclo, fu nominato arcidiacono della Chiesa di Aquileia. Anche i conterranei fecero parte del suo ambito e a loro ricorse per aiuti e dette incarichi: Bartolomeo Saraceno (o *Giptius*) da Ferentino, suo vicario durante la legazione e poi durante l'episcopato, divenne canonico a Padova; Giovanni Rubeo, canonico di Ferentino, nel 1258 ottenne la carica di camerario o tesoriere e di canonico nella Chiesa di Aquileia; infine Giovanni e Nicola de Lupico: quest'ultimo, cancelliere di Gregorio e pievano di Tricesimo, fu insignito nel 1269 della carica di vicedo-

Le fonti utili per ricostruire il raggio di azione e i vantaggi forniti ai propri familiari non sono soltanto i testamenti, in quanto ai cardinali era vietato di disporre per testamento dei beni acquisiti *per ecclesiam*,[28] vale a dire che i cardinali dovevano compensare con lasciti le chiese nelle quali avevano avuto le prebende o i benefici. Due esempi tra tanti sono il testamento di Giordano Pironti e la *donatio post obitum* di Raniero Capocci. Giordano Pironti ha lasciato, nel 1269, due disposizioni testamentarie entrambe redatte da Riccardo di Pofi: nel testamento ha destinato somme considerevoli per altari, ristrutturazioni e beni mobili alle chiese inglesi, nelle quali aveva avuto prebende (Salisbury, York, Helek, Stretham, la cattedrale di Londra), invece il codicillo contiene lasciti per i suoi parenti, che non rispecchia i grandi favori di cui in precedenza aveva beneficiato i suoi familiari e conterranei.[29] Allo stesso modo la *donatio post obitum* di Raniero Capocci elenca i lasciti in libri e in oggetti mobili alla chiesa di Santa Maria in Gradi, il convento domenicano di Viterbo che aveva fondato nel 1227, senza minimamente ricordare i suoi familiari.[30]

---

mino: Alberzoni, *Gregorio da Montelongo*, pp. 268-275. Anche in Campagna e Marittima i de Montelongo continuano a ricoprire cariche di podestà nei comuni; ancora un Lando de Montelungo fu podestà di Sezze nel 1291: *Le pergamene di Sezze (1181-1347)*, a cura di M.T. Caciorgna, Roma 1989, p. 106 e *passim*.

28. Paravicini Bagliani, *I testamenti*, pp. XLV-XLVI.

29. Una copia del testamento di Giordano Pironti, ritrovato da poco tempo nell'archivio della cattedrale di Salysbury, getta nuova luce sulla quantità di benefici e prebende che aveva ricevuto in Inghilterra, N. Vincent, *The Will of Giordano Pironti, Cardinal Deacon of SS. Cosma e Damiano (d.1269)*, in «Rivista di storia della Chiesa in Italia», 67/2 (2013), pp. 373-96; per il codicillo con i lasciti ai parenti cfr. Paravicini Bagliani, *I testamenti*, pp. 17-18, 125-126; sull'intensa attività del Pironti ed i vantaggi procurati alla sua famiglia, a personaggi di Terracina, come Francesco Cane, che, per sua raccomandazione, ottenne il trasferimento nella chiesa di Terracina, o Niccolò (de Balena) che ebbe un arcidiaconato nella diocesi di Lisieux, cfr. M.T. Caciorgna, *Una città di frontiera. Terracina nei secoli XII-XV*, Roma 2008, pp. 264-273, Montaubin, *Les clercs*, pp. 71-72.

30. Raniero aveva almeno due fratelli: uno, Pietro, nel 1218-1219 ottenne un canonicato a Roucy, l'altro, Benencasa, ricordato a Viterbo fino al 1237, fu podestà di Foligno nel 1222. Figlio di Benencasa era con forte probabilità Raniero da Viterbo, cappellano pontificio e canonico di Reims (morto nel 1300), che nel 1254 e nel 1260-1261 fu rettore del Patrimonio di San Pietro in Tuscia. Oltre a procurare vantaggi di carriera per i propri parenti, Raniero stesso costruì a Viterbo un sontuoso palazzo che ospitò nel 1236 Gregorio IX e nel 1240 Federico II, prima di essere distrutto nel 1247. Per Raniero da Viterbo, oltre alla rigorosa e completa voce biografica di Kamp, *Capocci Raniero* e a Paravicini Bagliani, *I testamenti*, pp. 10, 21-24, v. Pinzi, *Storia della città di Viterbo*, pp. 135 ss.

Nel corso del Duecento, i testamenti dei cardinali rispettano per lo più la prescrizione canonica sui lasciti alle chiese di cui erano prebendati, ma la richiesta dei prelati ai pontefici di disporre dei beni di origine patrimoniale o acquisiti *intuitu personae*, per lo più accordata e compresa nella *licentia testandi*, comportò un mutamento nella struttura dei testamenti stessi, che diventano lunghi ed elaborati elenchi di lasciti, costituzione di anniversari, divisione di beni patrimoniali per i parenti. L'inventario dei beni di Goffredo di Alatri del 1287 configura un elenco pressoché completo di lasciti ripartiti all'interno di una gerarchia (*familia*, chiese, luoghi di culto, parenti).[31] Leonardo di Guarcino nel 1311 fece redigere un testamento nuncupativo completo per i lasciti alle chiese delle quali aveva avuto i benefici, per il personale della sua corte, per i codici in suo possesso, anche se avuti in prestito, dei quali disponeva la restituzione. Beni mobili e immobili in Alatri e Guarcino al fratello Andrea, libri al nipote divenuto notaio pontificio.[32] Un testamento con tutti i beni patrimoniali ed acquisiti lo ha lasciato nel 1256, Stefano di Anagni, cappellano di Gregorio IX, quindi non cardinale, che in qualità di rettore di Campagna e Marittima (1236-1239) aveva enormemente incrementato le sue disponibilità in beni mobili ed immobili. Egli destinò lasciti alle chiese della sua città, ai diversi monasteri e luoghi di culto dei paesi vicini, tanto che il suo testamento può essere considerato uno degli elenchi più completi dei luoghi di culto di Campagna e Marittima per la metà del Duecento, ma anche ai suoi parenti, al fratello, ai diversi nipoti.[33]

Di conseguenza per ricostruire le variegate forme di intervento a favore dei parenti ci si deve avvalere degli atti notarili, acquisti, vendite, donazioni, nonché delle lettere dei pontefici che confermavano incarichi sollecitati dal personaggio in questione, come nomine a cariche politiche, a funzioni in Curia, a podestà di comuni, a cariche di rettori, a comandanti in capo delle milizie.[34]

---

31. Paravicini Bagliani, *I testamenti*, pp. 39-40, 229-233; per l'inventario completo dei beni mobili, libri e argenterie, M. Prou, *Inventaire des meubles du cardinal Geoffroi d'Alatri (1287)*, in «Mélanges d'archéologie et d'histoire», 5 (1885), pp. 382-411. Il cardinale aveva compensato anche «magistro Odoni, qui docuit nepotes domini cardinalis XII libr. Tur. Parvorum pro remuneratione servitii sui».

32. Su Leonardo da Guarcino, Paravicini Bagliani, *I testamenti*, pp. 79-80, 384-401.

33. Per la biografia di Stefano di Anagni, i documenti sul suo operato e il testamento, cfr. A. Mercantini, *Stephanus de Anagnia domini pape capellanus*, in «Latium», 11 (1994), pp. 113-190.

34. Senza dilungarmi in un lungo elenco, mi preme segnalare le opportunità fornite da quanti restarono a livelli inferiori nella gerarchia delle cariche ma si prodigarono a vantag-

Un appoggio immateriale ma di alto valore sociale per il gruppo familiare è il ruolo di guida esercitato durante la loro vita, nonché di supporto
nei confronti di autorità superiori. I due cardinali, Giordano e Stefano da
Ceccano camerario, ebbero una funzione rilevante per il loro lignaggio. Il
primo garantì al nipote Giovanni da Ceccano l'ampliamento della signoria
familiare, il restauro dei luoghi di culto e anche l'edificazione di ospedali
e di nuove chiese, che furono arricchiti con reliquie e oggetti preziosi.[35]
La funzione di Stefano va vista come tutela dei familiari dalle sanzioni
pontificie. Infatti, pur essendo da alcuni anni infranto il solidale legame
dei da Ceccano con la politica pontificia, solo dopo la sua morte, avvenuta
nel 1227, i pontefici cominciarono a privare gli eredi delle concessioni
ottenute.[36] Quanto al cardinale Annibaldo da Ceccano, vissuto per lo più in
Francia, nella corte avignonese dove mantenne anche nipoti e collaterali,
ha lasciato un testamento che costituisce un "manifesto" non solo delle
potenzialità economiche ma degli interventi per le istituzioni religiose di
Avignone e delle diocesi vicine, nonché per le chiese di Roma, per il centro
della signoria familiare Ceccano, dove aveva disposto anche la fondazione
di un convento mendicante. Da intellettuale colto si preoccupò dell'istruzione dei giovani, stabilendo la fondazione e il mantenimento di una casa
degli scolari (*domus scolarium*) a Roma nel rione Trastevere nella quale

gio dei parenti. Sia Riccardo di Pofi che i collaterali entrarono al servizio degli Angioini, *I
Registri della cancelleria angioina ricostruiti da Riccardo Filangieri con la collaborazione
degli archivisti napoletani*, 52 voll., Napoli 1950-2010, VI, p. 319 nr. 1694 (30 settembre
1266; 11 aprile 1271); p. 265 nr. 1438 (1271); cfr. anche p. 263 nr. 1423 (28 luglio 1271).
Appartenenti allo stesso casato di Labro sono i fratelli Bertoldo de Labro *magister* ed Enrico de Labro *professor utriusque iuris*, nipoti di Sinibaldo che aveva iniziato la sua ascesa
come camerario di Ottaviano degli Ubaldini, poi arcidiacono di Bologna, che divenne la
città dove parenti e collaterali lo seguirono per apprendere gli studi giuridici. Un altro col-
laterale Giacomo di Labro entrò al servizio del cardinale Giacomo Colonna, Boespflug, *La
curie*, pp. 102, 192, 212.

35. Pfaff, *Ceccano Giordano*, per le donazioni alle chiese e le reliquie riportate da
una legazione in Inghilterra, cfr. *Annales Ceccanenses, (Chronicon Fossae Novae)*, a cura
di.G.H. Pertz, in M.G.H, *Scriptores*, 19 (1866), pp. 275-302: pp. 290-291.

36. Sulle tensioni tra Giovanni da Ceccano, i suoi successori e la sede papale durante il Duecento, M.T. Caciorgna, *Itineranza pontificia e ceti dirigenti locali*, in *Itineranza
pontificia. La mobilità della curia papale nel Lazio (secoli XII-XIII)*, a cura di S. Carocci,
Roma 2003, pp. 177-210, in particolare pp. 187-188. Su Stefano da Ceccano v. W. Maleczek, *Papst und Kardinalskolleg von 1191 bis 1216. Die Kardinäle unter Coelestin III. und
Innocenz III.*, Wien 1984, pp. 179-183.

dovevano essere accolti in particolare studenti originari delle terre della signoria familiare.[37]

Gli interventi di Giordano Pironti a favore dei familiari si dispiegarono su diversi fronti, difesa di diritti ereditari, concessione in custodia di beni demaniali, acquisti e permute di beni significativi per l'arricchimento della famiglia. La sua morte non comportò la perdita della supremazia dei Pironti a Terracina, ma appena pochi anni dopo la comunità di Terracina si rivoltò contro il prepotere dei Pironti, assalì il loro palazzo che, forse proprio Giordano, aveva fatto edificare a fianco alla cattedrale.[38] I Valeriani di Priverno riuscirono ad acquisire la giurisdizione criminale nel comune di Priverno e a mantenere un ruolo di spicco sia in ambito locale sia al servizio pontificio.[39]

37. B. Giullemain, *Caetani Annibaldo (Annibale)*, in *DBI*, XVI, Roma 1973, pp. 111-115, e soprattutto M. Dykmans, *Le cardinale Annibal de Ceccano (vers 1282-1350). Etude biographique et testament du 17 juin 1348*, in «Bulletin de l'institut historique belge de Rome», 43 (1973), pp. 145-341; D. Internullo, *Ai margini dei giganti. La vita intelletuale dei romani nel Trecento*, Roma 2016, pp. 125-128, 344-345. Non è da escludere che lo stesso cardinale Annibaldo potrebbe essere stato promotore della composizione del libro dell'*Aquila*. E ben si spiegherebbe il suo intervento per un'opera celebrativa sulle origini della famiglia, cfr. M.G. Blasio, *Fonti e materiali per la ricostruzione del libro dell'Aquila*, in *Confini dell'umanesimo letterario. Studi in onore di F. Tateo*, a cura di M. De Nichilo, G. Disataso, A. Iurilli, Roma 2003, pp. 154-186.

38. Nel 1264 il papa Urbano IV invitava il comune di Sezze a non corrispondere ai da Ceccano i beni e i diritti di Curia che vi avevano in quanto avevano usurpato gli eredi istituiti da Landolfo di Berardo da Ceccano cioè la nipote del Pironti, Giacoma. Il mandato pontificio permette di aggiungere un figlio di Berardo morto in giovane età e non ricordato nelle genealogie ceccanesi. Le altre azioni importanti furono la concessione della Rocca di Acquapuzza ai figli del fratello Pietro, e la permuta del casale Piliocti (Cecchignola vicino Roma) con il Circeo. Alla morte di Giordano, avvenuta nel 1269 a Viterbo, il fratello Pietro e i nipoti avevano raggiunto l'acme del loro prestigio a Terracina e nei rapporti con le comunità vicine. Pietro Pironti, fratello del cardinale, aveva guidato gli uomini del castello di San Felice Circeo a prestare giuramento di sottomissione al comune di Terracina (Caciorgna, *Una città di frontiera*, pp. 270-272).

39. Pietro Valeriani si avvalse dei suoi familiari nell'ambito dei numerosi incarichi al servizio della Chiesa: il fratello Massimo fu l'effettivo rettore di Romagna nel 1297, in seguito nel 1301 podestà di Priverno; un nipote Matteo dal 1294 era castellano di Radicofani, Giacomo Pagani di Priverno vicario *in spiritualibus* del Patrimonio di San Pietro in Tuscia. Il nipote Biagio di Massimo nel 1306 era studente a Bologna, Schmidt, *Ein studentenhaus*, pp.136-138, e successivamente stette ad Avignone per diverso tempo. I Valeriani risultano possedere all'inizio del Trecento, nel comune di Priverno la giurisdizione penale, e solo nel 1376 il comune di Priverno la riacquistò. Ancora verso la fine del secolo Niccolò Valeriani, nel 1388, ebbe l'incarico da Urbano VI di ricevere in consegna dai Conti castelli e città tra

Un'altra forma di capitale immateriale era consegnato alla famiglia del prelato di brillante carriera al punto da indurre i successori ad assumere nel nome di famiglia la carica esercitata.[40] Gli esempi sono molteplici: molto diffuso in Campagna e Marittima fu de Papa, portato da tanti parenti e nipoti del pontefice Gregorio IX,[41] i parenti di Raniero da Viterbo si attribuirono de Cardinale,[42] i Pironti di Terracina aggiunsero de Comite al cognome che già avevano.[43] Non solo la carica diventava un valore aggiunto per la famiglia, ma anche il luogo di esercizio della funzione. Ad esempio la famiglia di Leonardo da Guarcino, nella prima metà del Duecento non si distingueva nell'élite di Alatri, ma un prozio del cardinale era divenuto vescovo di Patrasso, e i parenti e collaterali presero come cognome proprio Patrasso,[44] che, continuando ad avere cariche nella diocesi greca, mantennero a lungo, anche il nome del cardinale Leonardo è accompagnato talvolta dall'eponimo Patrasso.

In una piattaforma ideale dei diversi fattori che mettono in moto cambiamenti di *status* che portano alla ricomposizione di gruppi sociali, oltre all'appartenenza sociale, al livello culturale, alle relazioni ambientali, un ruolo non secondario, addirittura per qualcuno determinate è costituito dalle capacità o attitudini individuali, che travalicano la pulsione all'affermazione personale. Due notai pontifici come Giovanni da Capua[45] e Riccardo

cui Alatri e Segni che avevano aderito al partito di Clemente VII, per questi avvenimenti, G. Falco, *I comuni di Campagna e Marittima nel Medio Evo*, in Id. *Studi sulla storia del Lazio nel Medioevo*, 2 voll., Roma 1988, II, pp. 515, 670.

40. L'uso di definire un vescovo o un cardinale con il titolo della chiesa assegnatagli o il toponimo era abbastanza consueto, ma in questo caso è l'intero lignaggio che continua ad usare il titolo.

41. La famiglia de Papa, che prese il nome dal pontefice Gregorio IX, era molto potente in tutta la provincia di Campagna e Marittima, il principale esponente Mattia de Papa che estese il dominato su diversi castelli, cfr. in proposito S. Carocci, *Baroni di Roma. Dominazioni signorili e lignaggi aristocratici nel Duecento e nel primo Trecento*, Roma 1993, *passim*.

42. Pandolfo nipote del cardinale cominciò ad aggiungere de *Cardinale* (1250-1297).

43. Il nipote di Giordano Pironti, Pietro, aggiunse al nome di famiglia de *Comite*, che continuò ad essere usato per almeno cinquant'anni, Caciorgna, *Pironti Giordano*.

44. Ferdinandi, *Leonardo da Guarcino*.

45. Giovanni da Capua è presentato non solo come «honorabilis vir, magister, domini Pape notarius» e «frater», ma anche come «generalis procurator totius ordinis Sancte Marie Teutonicorum Ierosilimitani» (*Les Registres d'Alexandre IV*, a cura di J. de Loye, P. de Cenival, Paris 1902, II, col. 507 n. 1651). A partire dall'inizio del 1257 egli fu procuratore generale di quell'Ordine, ma in seguito non è insignito di quel titolo. Dovrebbe poi essere

di Pofi, entrambi legati a Giordano Pironti, versatili nell'*ars dictaminis*, che hanno lasciato esempi importanti delle rispettive capacità retoriche,[46] presentano una situazione del tutto diversa. Giovanni da Capua, che aveva ricoperto ruoli di rilievo come procuratore dell'Ordine Teutonico, del quale, non sappiamo per quale motivo, era stato destituito, pur continuando a gravitare nell'ambito curiale come notaio pontificio, in una lettera a Giordano Pironti lamenta la sua condizione. Ormai avanti negli anni, Giovanni era angustiato dalla *suspiriosa paupertas* e dalla *singultuosa sarcina debitorum* e dal destino, che non aveva accordato benefici né a lui né ai suoi familiari. Con un certo malcelato riserbo, si rimette ai buoni auspici del suo influente corrispondente per avere aiuti.[47] Non è possibile quantificare le sostanze di Riccardo da Pofi e neppure tutti gli interventi per i suoi collaterali, di fatto sappiamo che aveva portato nella cancelleria pontificia tal Matteo di Pofi, parente o conterraneo,[48] e dopo la morte del cardinale Pironti del quale era stato notaio e cappellano, scelse di entrare tra gli uffi-

rientrato tra i notai papali e proprio durante la residenza ad Anagni o Subiaco ebbe lo scambio di lettere con Giordano Pironti, che è presentato come aitante e munifico "protettore". Il *dictamen* tra Giordano Pironti e Giovanni da Capua è edito e studiato da P. Sambin, *Un certame dettatorio tra due notai pontifici (1260). Lettere inedite di Giordano da Terracina e di Giovanni da Capua*, Roma 1955 (le citazioni sono tratte da questa edizione, p. 26, I 5). Sul personaggio e la produzione di epistole v. F. Delle Donne, *Giovanni da Capua*, in *DBI*, LV, Roma 2001.

46. Su Riccardo da Pofi, v. almeno: E. Jordan, *Notes sur le formulaire de Richard de Pofi*, in *Etudes d'histoire du Moyen Age dédiées a Gabriel Monod*, Paris 1896, pp. 329-341; E. Batzer, *Zur Kenntnis der Formularsammlung des Richard von Pofi*, Heidelberg 1910. Sulle lettere di Riccardo di Pofi è in corso l'edizione completa a cura di Peter Herde, *Aspetti retorici*, p. 6, nota 35.

47. Sembra che la richiesta sia stata poi assecondata forse per raccomandazione di Giordano in quanto, nel 1268, papa Clemente IV confermò un privilegio emanato da re Carlo I d'Angiò il 21 maggio 1267 in favore di due nipoti di Giovanni da Capua, Giovanni e Giacomo, figli di suo fratello Raone, *I registri della cancelleria angioina*, II, Napoli 1951, p. 257 n. 86.

48. Riccardo da Pofi, già scrittore nella *familia* del cardinale romano Pietro Capocci, ottenne prebende nella chiesa di Veroli, nella quale aveva fatto il suo apprendistato ecclesiastico, e in quella di Metz in Lorena. Divenuto notaio del cardinale Giordano Pironti fu al suo seguito per diversi anni, firmando molti dei suoi atti. Con l'insediamento degli Angioini sul trono del Regno, entrò al servizio di Carlo I d'Angiò nella cancelleria regia, v. *I registri della cancelleria angioina*, VI, Napoli 1954, p. 319 nr. 1694 (30 settembre 1266; 11 aprile 1271); p. 265 nr. 1438 (1271); v. anche Nüske, *Untersuchungen*, pp. 119 ss. Riccardo aveva introdotto nella *familia* di Giordano anche Matteo di Pofi, presente al suo testamento, Vincent, *The will of Giordano Pironti*, p. 395; Nüske, *Untersuchungen*, p. 74.

ciali della Curia angioina verso la quale orientò i suoi parenti, che ebbero incarichi come ufficiali nelle province meridionali.

In conclusione per questo limitato campione, il mondo ecclesiastico, tra complesso di beni materiali, attivazione di reti clientelari, relazioni a diversi livelli ha rappresentato un vettore di mobilità a favore di laici e chierici dal quale hanno tratto beneficio non solo il ristretto gruppo parentale, ma, con un effetto domino, ha coinvolto apparati sociali e culturali dei paesi d'origine.

Il trasferimento in luoghi lontani non attenua il legame con la società originaria, con la quale il vincolo è mantenuto ed anche rinsaldato al punto che per il prelato i collaterali costituivano uno strumento cui rivolgersi per aiuto militare, per incarichi politici e uffici nelle carriere curiali: si realizzava così sia l'entrata in ruoli e funzioni nuove, aprendo la strada a carriere nella Curia, assicurandosi un personale fidato. Di carattere ben diverso, culturale e sociale, sono i vantaggi che potevano rifluire sull'intera comunità. L'edificazione di un ospedale, di un monastero o di un convento ma anche monumenti funebri, cappelle altari all'interno di chiese locali sono rimasti nel tempo simboli che continuano ad avere una forte valenza immateriale, che ha legato in forma duratura l'esperienza individuale ad un intero paese.

ANDREAS REHBERG

Indicatori dell'ascesa sociale del clero canonicale e sinergie nella formazione di ecclesiastici e laici a Roma (secoli XIV-XV)*

Gli studi sul rapporto tra la città e il suo clero nel Medioevo sono assai diffusi.[1] Il clero di Roma nel tardo Medioevo appare multiforme e molto gerarchizzato, ben integrato nella società romana,[2] e si presta bene

---

*Sigle: ASC = Archivio Storico Capitolino; ASV = Città del Vaticano, Archivio Segreto Vaticano; ASR = Roma, Archivio di Stato; «ASRSP» = «Archivio della Società Romana di Storia Patria»; «BISIME» = «Bullettino dell'Istituto Storico Italiano per il medio evo e Archivio Muratoriano»; *DBI* = *Dizionario biografico degli italiani*.

1. Per il tema clero e città esiste ormai una bibliografia assai vasta per la quale si può rinviare, per rimanere nell'ambiente italiano, tra l'altro, a R.C. Trexler, *Church and Community. 1200-1600*, Roma 1987; R. Brentano, *A New World in a Small Place. Church and Religion in the Diocese of Rieti*, Berkeley-Los Angeles-London 1994; *Preti nel medioevo*, in «Quaderni di storia religiosa», 4 (1997), numero monografico, e M. Berengo, *L'Europa delle città. Il volto della società urbana europea tra Medioevo e Età moderna*, Torino 1999, pp. 675-754. Ulteriori titoli verranno citati più in là. Per il contesto europeo si può rinviare a *Le clergé séculier au Moyen Âge*, XXᵉ Congrès de la Société des médiévistes de l'enseignement supérieur public (Amiens, giugno 1991), Paris 1993 e *Klerus, Kirche und Frömmigkeit im spätmittelalterlichen Schleswig-Holstein*, a cura di E. Bünz, K.-J. Lorenzen-Schmidt, Neumünster 2006.

2. Per il clero di Roma si vedano T. di Carpegna Falconieri, *Il clero di Roma nel medioevo: istituzioni e politica cittadina (secoli VIII-XIII)*, Roma 2002; G. Barone, *Il clero romano e la vita religiosa dei laici nel basso medioevo*, in *Roma medievale. Aggiornamenti*, a cura di P. Delogu, Firenze 1998, pp. 303-313; G. Barone, *Nobiltà romana e Chiesa nel Quattrocento*, in *La nobiltà romana nel medioevo*, a cura di S. Carocci, Roma 2006, pp. 515-530; A. Rehberg, *Luci ed ombre sui canonici delle grandi basiliche di Roma nel Rinascimento: appunti sulla loro formazione culturale-religiosa e sulla loro reputazione fra i contemporanei*, in *Roma e il papato nel medioevo. Studi in onore di Massimo Miglio*, I, *Percezioni, scambi, pratiche*, a cura di A. De Vincentiis, Roma 2012, pp. 419-439; Id., *Religiosità collettiva e privata fra i canonici delle grandi basiliche di Roma nel tardo medioevo*, in *Vita religiosa a Roma (secoli XIII-XV)*, Atti della giornata di studio (Roma, 12 maggio 2008), a cura di G. Barone, A. Esposito, in «ASRSP»,

per studi di campo e ricerche in materia di mobilità sociale,[3] anche se
le fonti certamente non sempre abbondano. Più privilegiati dal punto di
vista documentario appaiono i tre maggiori capitoli di canonici secolari
a Roma che si erano costituiti presso le basiliche patriarcali di San Giovanni in Laterano, San Pietro e Santa Maria Maggiore da considerare le
istituzioni più ambite per chi voleva fare una carriera nell'ambito ecclesiastico della Città Eterna. Questi capitoli si erano formati nei secoli XI
e XII abbandonando la più rigida vita monastica presso le basiliche romane.[4] Come è ormai accertato in vari studi e come vedremo anche nella
presente esposizione, erano però non solo le principali famiglie romane
a sfruttare questo canale di ascesa sociale, ma anche personaggi provenienti dagli strati popolari e addirittura forestieri a cercare di entrare in
queste istituzioni prestigiose.[5] Disponiamo ormai delle evidenze nume-
riche[6] che dimostrano l'avanzamento di canonici provenienti dagli strati

132 (2010), pp. 41-80. Per il clero parrocchiale: S. Passigli, *Geografia parrocchiale e circoscri-
zioni territoriali nei secoli XII-XIV: istituzioni e realtà quotidiana*, in *Roma nei secoli XIII e
XIV. Cinque saggi*, a cura di E. Hubert, Roma 1993, pp. 43-86 e adesso A. Gauvain, *Una storia
dalla Roma del Quattrocento. Quaderni di Ansuino di Anticoli, parroco in Roma e beneficiato
vaticano (1468-1502)*, Città del Vaticano 2014.

3. La bibliografia per il vasto tema della mobilità sociale risulta ormai abbondan-
te. Ci limitiamo a rinviare – anche per ulteriori approfondimenti metodologici – a *Disu-
guaglianze: stratificazione e mobilità sociale nelle popolazioni italiane (dal sec. XIV agli
inizi del secolo XX)*, relazioni e comunicazioni presentate da autori italiani al II Congré
Hispano Luso Italià de Demografía Histórica (Savona, 18-21 novembre 1992), 2 voll.,
Bologna 1997; *Sozialer Wandel im Mittelalter. Wahrnehmungsformen, Erklärungsmuster,
Regelungsmechanismen*, a cura di J. Miethke, K. Schreiner, Sigmaringen 1994; S. Carocci,
Mobilità sociale e medioevo, in «Storica», 43-44-45 (2009), pp. 11-55; *La mobilità sociale
nel Medioevo*, a cura di S. Carocci, Roma 2010 e *La mobilità sociale nel Medioevo italiano.
Competenze, conoscenze e saperi tra professioni e ruoli sociali (secc. XII-XV)*, a cura di L.
Tanzini, S. Tognetti, Roma 2016.

4. Vedi di Carpegna Falconieri, *Il clero di Roma*, pp. 176-193 e J. Johrendt, *Die Die-
ner des Apostelfürsten. Das Kapitel von St. Peter im Vatikan (11.-13. Jahrhundert)*, Berlin-
New York 2011, pp. 17 ss.

5. Cfr. Barone, *Nobiltà romana e Chiesa*, pp. 522 ss.

6. Repertori e tabelle di nomi di canonici offrono P. De Angelis, *Basilicæ S. Mariæ
Maioris de Urbe a Liberio Papa I usque ad Paulum V Pont. Max. descriptio et delineatio*,
Roma 1616; R. Montel, *Les chanoines de la Basilique Saint-Pierre de Rome des statuts
capitulaires de 1277-1279 à la fin de la papauté d'Avignon. Étude prosopographique*, in
«Rivista di Storia della Chiesa in Italia», 42 (1988), pp. 365-450, 43 (1989), pp. 1-49,
413-479; Id., *Les chanoines de la basilique Saint-Pierre de Rome (fin XIIIᵉ siècle-fin XVIᵉ
siècle): esquisse d'une enquête prosopographique*, in *I canonici al servizio dello Stato in*

delle nuove élite di Roma studiate ormai da diversi decenni (vi torneremo subito). L'esclusiva dei romani, con il tempo, cominciò a erodersi anche in seguito a interventi dei pontefici che rilasciarono – specialmente per il capitolo di San Pietro – lettere di provvista[7] in favore di forestieri spesso attivi presso la Curia romana. Dato che i canonici della basilica vaticana con 30 membri costituivano la più grande comunità di canonici a Roma (il capitolo del Laterano contava 18 canonici e quello di Santa Maria Maggiore 16),[8] non sorprende che per essi si registri la maggiore richiesta da parte dei non romani.

Il presente contributo in due parti vuole approfondire due aspetti legati alla mobilità sociale al centro del presente volume. Nella prima parte saranno esemplificati alcuni indicatori di questo paradigma in alcuni profili di personaggi rappresentativi per i *newcomers* della società romana del Tre e Quattrocento. La seconda parte si soffermerà su un elemento chiave dell'ascesa sociale, e cioè sull'importanza di una adeguata educazione per questi chierici.[9] È nota l'importanza delle carriere universitarie per i chierici romani che puntavano in alto fino ad aspirare al cardinalato.[10] Vorrei

Europa. Secoli XIII-XVI. Les chanoines au service de l'Etat en Europe du XIIIe au XVIe *siècle*, raccolta di studi dir. da H. Millet, Ferrara 1992, pp. 107-118; A. Rehberg, *Die Kanoniker von S. Giovanni in Laterano und S. Maria Maggiore im 14. Jahrhundert. Eine Prosopographie*, Tübingen 1999; D. Rezza, M. Stocchi, *Il Capitolo di San Pietro in Vaticano dalle origini al XX secolo*, I, *La storia e le persone*, Roma 2008; L. Duval-Arnould, *Le pergamene dell'Archivio capitolare Lateranense. Inventario della serie Q e Bollario della chiesa Lateranense*, Città del Vaticano 2010.

7. Per gli elementi canonistici e procedurali importanti legata alla "politica dei benefici" gestita dai papi si rinvia a A.-M. Hayez, J. Mathieu, M.-F. Yvan, *De la supplique à la lettre: le parcours des grâces en cour de Rome sous Urbain V (1362-1366)*, in *Le fonctionnement administratif de la papauté d'Avignon*, Atti della tavola rotonda (Avignon, 23-24 gennaio 1988), Roma 1990, pp. 171-205; J. Erdmann, *«Quod est in actis, non est in mundo». Päpstliche Benefizialpolitik im sacrum imperium des 14. Jahrhunderts*, Tübingen 2006, pp. 147 ss. (con ulteriore bibliografia) e – per il Quattrocento – B. Schwarz, *Die Bemühungen Leon Battista Albertis, einen standesgemäßen Pfründenbesitz aufzubauen: die kurialen Quellen*, in *Trier – Mainz – Rom. Stationen, Wirkungsfelder, Netzwerke. Festschrift für Michael Matheus zum 60. Geburtstag*, a cura di A. Esposito, H. Ochs, E. Rettinger, K.-M. Sprenger, Regensburg 2013, pp. 237-266.

8. Rehberg, *Die Kanoniker*, p. 182.

9. Su questo aspetto, sul quale torneremo, citiamo in anticipo É. Anheim, F. Menant, *Mobilité sociale et instruction. Clercs et laïcs du milieu du XIIIe au milieu du XIVe siècle*, in *La mobilità sociale nel Medioevo*, pp. 341-379 (con vasta bibliografia).

10. Si rinvia – anche per la bibliografia in merito – al contributo di Dario Internullo nel presente volume.

concentrarmi però su un aspetto finora meno studiato a Roma, e cioè la circostanza che una parte del clero rinunciò al suo *status* e passò di nuovo allo stato laicale (*laicatio*).[11] Grazie alla formazione solida che questi ex chierici (avviati alla carriera ecclesiastica di solito in giovane età) avevano ricevuto all'interno dei loro capitoli, essi alzavano non solo il livello culturale delle élite dell'Urbe ma formavano, a quanto pare, anche una interessante cerniera fra l'ambiente laico ed ecclesiastico romano. Per illustrare meglio il fenomeno raccogliamo nell'appendice i dati prosopografici di questi chierici romani laicizzati nel Trecento – spesso noti come «clerici coniugati» – finora riscontrati nelle fonti.

1. Gli indicatori dell'ascesa sociale di un canonico romano

Senza dubbio la presenza di un membro della propria famiglia all'interno di una importante chiesa collegiale di Roma costituiva una distinzione sociale significativa. Mi servo dei criteri ormai consolidati per differenziare i tre principali strati della società romana del Trecento.[12] La maggior parte della popolazione attiva politicamente (e cioè fornita di mezzi di sostentamento propri e di immobili in forma sia di case che di terreni entro e fuori le mura) era formata dai cosidetti *populares* o dal "popolo", impegnati per lo più nell'esercizio dei vari mestieri e del commercio.[13] Le

11. Per questo passaggio informale vedi *Lehrbuch des Kirchenrechts auf Grund des Codex Iuris Canonici*, a cura di E. Eichmannm, K. Mörsdorf, 3 voll., Paderborn 1953-1954, I, pp. 335 ss.

12. Per quanto concerne le stratificazioni della società romana si rinvia a *La nobiltà romana nel medioevo*, a cura di S. Carocci, Roma 2006; A. Rehberg, *Familien aus Rom und die Colonna auf dem kurialen Pfründenmarkt (1278-1348/78)*, in «Quellen und Forschungen aus italienischen Archiven und Bibliotheken», 78 (1998), pp. 1-122; 79 (1999), pp. 99-214; Id., *Die Kanoniker*, pp. 189-209 e J.-C. Maire Vigueur, *L'altra Roma: una storia dei romani all'epoca dei comuni (secoli XII-XIV)*, trad. it. di P. Garbini, Torino 2011.

13. Per lo *status* di cittadino romano e per la definizione di popolo romano vedi *Statuti della città di Roma*, a cura di C. Re, Roma 1883, pp. 79 ss., 157 ss., 274; P. Savignoni, *Un documento di cittadinanza romana nel medio evo [1341]*, in «ASRSP», 17 (1894), pp. 521-526; M. Franceschini, *«Populares, cavallarotti, milites vel doctores». Consorterie, fazioni e magistrature cittadine*, in *Alle origini della nuova Roma. Martino V (1417-1431)*, Atti del convegno (Roma, 2-5 marzo 1992), a cura di M. Chiabò, G. D'Alessandro, P. Piacentini, C. Ranieri, Roma 1992, pp. 291-300 e – per il secolo XVI – L. Nussdorfer, *Il "popolo romano" e i papi: la vita politica della capitale religiosa*, in *Roma. La città del papa*, a cura

famiglie dei "bovattieri" (allevatori di bestiame, imprenditori agricoli e proprietari di casali, tipici della Campagna Romana, raggruppati intorno alla più prestigiosa arte di Roma, cioè l'*ars bovacteriorum*),[14] e quelle dei *mercatores* (ivi compresi anche i banchieri locali romani), dei giuristi e dei magistrati potevano giocare un ruolo particolare nell'esercito comunale, dove formavano il gruppo dei *cavallerocti*, il quale si sviluppò in un'aristocrazia urbana vera e propria con tendenza all'endogamia.[15] A grande distanza per quanto riguarda le loro basi economiche e di prestigio si arrivava alla nobiltà baronale formata da una dozzina di famiglie, che fino al 1360 tenevano le redini del potere urbano, ma che si mantennero forti anche dopo quell'anno per via dei loro legami privilegiati con il territorio laziale e il papato.[16] Sono questi i tre poli fra i quali si decideva la lotta di potere finalizzata ad approfittare al massimo delle risorse della città e del papato (mentre l'imperatore ormai faceva solo raramente l'apparizione nell'Urbe).[17] Con l'"esilio" avignonese del papato e le ripercussioni violente del Grande Scisma si aprì la strada per una diversificazione del potere a Roma e negli Stati della Chiesa, della quale sempre di più approfittarono

di L. Fiorani, A. Prosperi, Torino 2000, pp. 241-260, qui in particolare pp. 245 ss. Per il mondo del lavoro e delle arti nella Roma medievale cfr. I. Lori Sanfilippo, *Il mercato del lavoro nella Roma del Trecento*, in *Roma medievale. Aggiornamenti*, a cura di P. Delogu, Firenze 1998, pp. 221-229; M.L. Lombardo, *Nobili, mercanti e popolo minuto negli atti dei notai romani del XIV e XV secolo*, in *Gli atti privati nel tardo Medioevo. Fonti per la storia sociale* (= *Private Acts of the Late Middle Ages. Sources of Social History*), a cura di P. Brezzi, E. Lee, Toronto-Roma 1984, pp. 291-310; Lori Sanfilippo, *La Roma dei romani*, nonché Maire Vigueur, *L'altra Roma*.

14. Lori Sanfilippo, *La Roma dei romani*, pp. 95 ss. e 123 ss. Per lo sviluppo del casale, importante struttura economica del distretto di Roma, cfr. S. Carocci, M. Vendittelli, *L'origine della Campagna Romana. Casali, castelli e villaggi nel XII e XIII secolo*, con saggi di D. Esposito, M. Lenzi e S. Passigli, Roma 2004, con ulteriore bibliografia.

15. Si tratta senz'altro del gruppo sociale economicamente più dinamico della Roma del XIV secolo: S. Carocci, *Nobiltà bipartita. Rappresentazioni sociali e lignaggi preminenti a Roma nel Duecento e nella prima metà del Trecento*, in «BISIME», 95 (1989), pp. 71-122; A. Rehberg, Nobiles, milites e cavallerocti *nel tardo Duecento e nel Trecento*, in *La nobiltà romana nel Medioevo*, pp. 413-460; Maire Vigueur, *L'altra Roma*.

16. Indispensabile per chi studia questo ceto è S. Carocci, *Baroni di Roma. Dominazioni signorili e lignaggi aristocratici nel Duecento e nel primo Trecento*, Roma 1993 nonché Id., *Il nepotismo nel medioevo. Papi, cardinali e famiglie nobili*, Roma 1999.

17. Per i viaggi verso Roma e il governo sulla parte imperiale d'Italia si rinvia da ultimo a *Der "Zug über Berge" während des Mittelalters. Neue Perspektiven der Erforschung mittelalterlicher Romzüge*, a cura di Ch. Jörg, Ch. Dartmann, Wiesbaden 2014.

anche famiglie non romane, che – come insegna l'esempio dei Prignano, Tomacelli, Condulmer, Piccolomini, Barbo, Della Rovere, Cybo e Borgia – potevano stabilirsi nel collegio cardinalizio e salire persino al soglio del trono di san Pietro.[18] Roma verso la fine del Quattrocento era ormai diventata una città veramente cosmopolita e piena di stranieri,[19] che spingevano anche sul "mercato dei benefici ecclesiastici" locale.

In questa panoramica della più ampia storia della Chiesa, le realtà e le condizioni all'interno delle istituzioni ecclesiastiche dell'Urbe seguono ancora ritmi, tradizioni e usanze proprie, che trovano ancora la loro forte eco nella concessione papale in favore dei romani di benefici canonicali legati alle grandi basiliche della città. Nei capitolati che nel Quattrocento i vertici del comune romano conclusero con i cardinali quando entrarono nel conclave – sperando che chi ne usciva eletto papa si attenesse alle promesse fatte ai cittadini di Roma – i romani – ossia i loro rappresentanti all'interno dei consigli comunali – inclusero la richiesta per la riserva esclusiva dei benefici ecclesiastici in favore dei chierici nativi di Roma.[20] Anche se questi capitolati non venivano considerati vincolanti dai papi, si può notare che gli interessi dei romani su questa esclusiva furono generalmente osservati e rispettati, come si può osservare dagli elenchi dei canonici disponibili.[21] Pur sotto minaccia, almeno questi capitoli basilicali quindi continuavano ad essere i baluardi delle grandi famiglie romane nel clero di Roma.

La ricostruzione delle singole carriere dei chierici romani è un compito arduo. Spesso le fonti non ci permettono di guardare più da vicino i particolari e le circostanze individuali. Resta di solito nell'ombra il profilo culturale e dell'istruzione di questi personaggi. Un colpo di fortuna

18. Vedi da ultimo *Die Kardinäle des Mittelalters und der frühen Renaissance*, a cura di J. Dendorfer, R. Lützelschwab, Tavarnuzze (Firenze) 2013.

19. Da una vasta bibliografia si può citare qui *Roma capitale (1447-1527)*, a cura di S. Gensini, Pisa 1994; A. Esposito, *Un'altra Roma. Minoranze nazionali e comunità ebraiche tra Medioevo e Rinascimento*, Roma 1995 e P. Partner, *Il mondo della curia e i suoi rapporti con la città*, in *Roma. La città del papa*, a cura di L. Fiorani e A. Prosperi, Torino 2000, pp. 203-238.

20. Per questo privilegio richiesto dai romani dal fine Quattrocento (dal 1484) persino dai cardinali in conclave e dai papi appena eletti si rinvia a *Il Liber decretorum dello scribasenato Pietro Rutili. Regesti della più antica raccolta di verbali dei consigli comunali di Roma (1515-1526)*, a cura di A. Rehberg, Roma 2010, p. 73.

21. Cfr. *supra* n. 6. Per il caso di San Pietro nello specifico si veda Montel, *Les chanoines de la basilique Saint-Pierre de Rome (fin XIIIᵉ siècle-fin XVIᵉ siècle)*, pp. 116 ss.

(Arnold Esch direbbe "Überlieferungszufall") è disporre di un testamento loquace[22] di un chierico romano. Un tale documento molto gradito è costituito dall'ultima volontà del canonico di Santa Maria Maggiore Silvestro Baroncelli, del 12 settembre 1352, ricchissimo di notizie sulla sua vita privata.[23] Silvestro fu figlio del notaio Lorenzo e probabilmente cugino di quel notaio Francesco Baroncelli, che è conosciuto come amico e sostenitore di Cola di Rienzo nonché "secondo tribuno" di Roma per via di un suo breve regime di stampo popolare nel 1353.[24] Grazie ai contatti privilegiati del cugino con la Curia, Silvestro intraprese giovanissimo la carriera ecclesiastica. Come esponente del ceto medio-borghese romano, Silvestro poteva arrivare solo ad un canonicato in una delle tre chiese basilicali già menzionate, mentre per un barone di Roma erano aperte le porte anche ai benefici molto più redditizi dei capitoli delle ricche cattedrali della Francia e a volte persino dell'Inghilterra. I nomi dei testimoni, amici e compagni d'affari presenti nel testamento del canonico liberiano, dimostrano l'integrazione del canonico negli ambienti dei suoi pari del rione Colonna.[25] In un non raro atto di umiltà nominò suoi eredi tre *pau-*

22. I testamenti costituiscono una fonte di grande interesse per chi studia l'ambiente e i comportamenti sociali e religiosi di determinati gruppi come appunto il clero di una città: cito solo M. Vovelle, *Les attitudes devant la mort: problèmes de méthodes, approches et lectures différentes*, in «Annales ESC», 31 (1976), pp. 120-132; Ph. Ariès, *L'uomo e la morte dal Medioevo a oggi*, Bari 1989²; Nolens intestatus decedere: *il testamento come fonte della storia religiosa e sociale*. Atti dell'incontro di studio (Perugia, 3 maggio 1983), Perugia 1985; *I legati "pro anima" ed il problema della salvezza nei testamenti fiorentini della seconda metà del Trecento*, a cura di C. Bonanno, M. Bonnano, L. Pellegrini, in «Ricerche storiche», 15 (1985), pp. 183-220 nonché alcuni contributi in *Seelenheil und irdischer Besitz. Testamente als Quellen für den Umgang mit den «letzten Dingen»*, a cura di M. Herzog, C. Hollberg, Konstanz 2007; *La morte e i suoi riti in Italia tra Medioevo e prima età moderna*, a cura di F. Salvestrini, G.M. Varanini, A. Zangarini, Firenze 2007. Per la giusta interpretazione dei testamenti sono da tener presenti anche alcune considerazioni metodologiche: B. van den Hoven van Genderen, *Lumpen oder Luxus? Das Einkommen des Säkularklerus am Beispiel der Kanoniker von St. Salvator in Utrecht (1350-1530)*, in «Zeitschrift für Historische Forschung», 36 (2009), pp. 373-406, qui pp. 379 ss. Qui non può essere più considerato adeguatamente E. Rava, *«Volens in testamento vivere» Testamenti a Pisa, 1240-1320*, Roma 2016 (Italia Sacra, n. s. 2).

23. Rinvio per i particolari della sua carriera a Rehberg, *Die Kanoniker*, pp. 398 ss. (n. M 96).

24. Cfr. per il padre di Silvestro e la famiglia Baroncelli Rehberg, *Familien*, parte II, pp. 154-157 (nr. F 51). Per la biografia del tribuno Francesco cfr. I. Walter, *Baroncelli, Francesco*, in *DBI*, VI, Roma 1964, pp. 436-438.

25. ASC, *Archivio Urbano*, sez. I, t. 649/3, notaio Paolo Serromani, ff. 46r-50v (testamento con codicillo).

peres Christi, che avrebbero ricevuto cinque *solidos provesinos*. Silvestro si dimostrò riconoscente verso suo padre, lasciandogli una casa che
aveva comprato dagli eredi di un certo Cecco *Burgaminis*. In compenso
il padre sarebbe stato tenuto a sostenere i costi per le sue esequie secondo una sepoltura degna dei canonici della sua basilica (in caso contrario
sarebbe decaduto dal legato). È evidente che il chierico cercò di passare
almeno una parte delle entrate provenienti dai suoi benefici ecclesiastici
ai suoi parenti. Le esequie solenni hanno anche la funzione di far accre-
scere il prestigio (la fama) della propria famiglia.

Il mondo ancora del tutto rurale traspare nelle disposizioni dell'ecclesiastico in merito al grano proveniente dalle entrate della sua chiesa di San
Marcello di Ponte Nepesino, nel Viterbese. Il fatto che Silvestro fosse di
buona famiglia è provato anche dalla circostanza che nel suo testamento si
ricordi la sua armatura (ormai segno distintivo degli aspiranti cavalieri cittadini) rimasta nella casa paterna, che egli lasciò a suo fratello Giovanni.[26] I
suoi averi più preziosi – supponiamo – erano custoditi in una cassa di fattu-
ra pisana nonché in due piccoli cofanetti. Poi c'erano un materasso nonché
– nella casa della matrigna – un coltello e alcuni *lintamina*. Tutto ciò era
destinato al fratello, mentre alla sorella *Vannocia* lasciava altre suppellettili
conservate in parte nella casa del *dominus* (cioè ecclesiastico) Francesco
da Velletri. Silvestro destinò ad un suo *famulus* Giovanni un fiorino d'oro
e alcuni vestiti. Certe quantità di grano e d'orzo dovutegli dal capitolo di
Santa Maria Maggiore furono lasciate *pro anima mea*. Il fatto che queste derrate fossero conservate *in camera* del concanonico di Santa Maria
Maggiore Giovanni di Scrandriglia sorprende solo a prima vista e ricorda
l'immagine legata a un miracolo di Francesca Bussa dei Ponziani, ossia
Francesca Romana, che testimonia il diffuso utilizzo di un palazzo di una
famiglia benestante come deposito per il grano.[27] Ancora vengono lasciati
vestiti ai fratelli Giovanni e Vannozza. Silvestro sembra esser stato non

---

26. «Item relinquo Johanni fratri meo unam armaturam fornitam quam habeo in domo
paterno». Sulla sua armatura il Silvestro ritorna nel codicillo, *ibidem*, f. 50r.
27. L'immagine si trova in C. Tempesta, *Arte a Tor de'Specchi*, in *Francesca Romana. La Santa, il monastero e la città alla fine del Medioevo*, a cura di A. Bartolomei Roma-
gnoli, Firenze 2009, pp. 187-245, qui p. 227 fig. 31. Per l'ambiente ancora molto agrario di
Francesca Bussa vedi A. Esch, *Tre sante ed il loro ambiente sociale a Roma: S. Francesca
Romana, S. Brigida di Svezia e S. Caterina da Siena*, in *Atti del simposio internazionale
Cateriniano-Bernardiniano* (Siena, 17-20 aprile 1980), a cura di D. Maffei, P. Nardi, Siena
1982, pp. 89-120 e *Una santa tutta romana. Saggi e ricerche nel VI centenario della na-*

indifferente verso questioni di moda. Dai suoi doni *pro anima* sappiamo che egli possedeva una *capa alamanna* colorata. Il canonico dispose anche per una serie di manoscritti, specialmente per ottemperare ai precetti di preghiera dei canonici, dei quali menziono qui solo un *breviarum magnum* e un trattato probabilmente di teoria politica (dal titolo non ancora identificato «De principio regiminum»).[28] Non mi prolungo sui vari oggetti (vestiti o suppellettili) più o meno preziosi dei quali Silvestro dispose. Tramite un frate (*frater Nicolaus de Putealia*) saldò i suoi debiti con una monaca con alcuni oggetti del genere. Silvestro ordinò anche di restituire due libri liturgici appartenenti alla sua basilica. Segue un'altra serie di donazioni *pro anima mea*. Fra i beneficiati si trova anche una suora del convento di San Silvestro in Capite, suor Cristina, e, nel caso che i due bacili (*baceles*) lasciatile non dovessero piacerle, avrebbe dovuto essere rimborsata dagli esecutori con la corresponsione di dieci libbre.

Sta a cuore del canonico la memoria del defunto fratello Paolo Baroncelli, per il quale ordina una messa cantata nonché la realizzazione di una lapide marmorea con epigrafe («una preta marmorea cum licteris superius designatis») da apporre nel luogo della sua sepoltura, cioè la chiesa di San Marcello. L'orizzonte rurale si presenta di nuovo quando dispone «pro anima mea» tutto il fieno e la paglia di sua proprietà, conservati nell'abitazione del suo concanonico Giovanni *Scrantrigle* presso Santa Maria Maggiore («totum fenum et paleam, quas habeo in camera domini Johannis Scrantrigle apud sanctam Mariam Maiorem»). Lascia inoltre al padre e ai suoi fratelli tutta la legna che si trova nella sua casa e le suppellettili ovunque esistenti. Molto rilievo viene dato all'anniversario *pro anima mea* da celebrarsi nella chiesa di Santa Maria Maggiore, per il quale ogni anno verrà distribuito un fiorino fra i canonici e i beneficiati. Al padre spetta inoltre la metà del mosto legato alla prebenda del suo canonicato presso la chiesa di Santa Maria Maggiore. Per la costruzione di una cappella nella stessa chiesa sono previsti cento soldi (nel caso che l'opera si areni, Silvestro dispone il loro impiego per la riparazione della basilica). Per quanto concerne la propria sepoltura il canonico sceglie il solito posto dei canonici di

scita di Francesca Bussa dei Ponziani (1384-1984), a cura di G. Picasso, Monte Oliveto Maggiore 1984.

28. Per i libri del Baroncelli si rinvia a A. Rehberg, Roma docta? *Osservazioni sulla cultura del clero dei grandi capitoli romani nel Trecento*, in «ASRSP», 122 (1999), pp. 135-167, qui p. 157 e D. Internullo, *Ai margini dei giganti. La vita intellettuale dei romani nel Trecento (1305-1367 ca.)*, Roma 2016, pp. 196 ss.

Santa Maria Maggiore («in loco ubi iacent alii canonici») o altrove, ma di nuovo con l'attenzione ad una epigrafe marmorea («cum lapide marmorea et litteris designatis»). Le opere marmoree dovranno essere realizzate dal marmoraio Giovanni di Deodatello («fiant per manum magistri Johannis Deodatelli marmorarii»).[29] Per la restituzione dei *male ablata*[30] sono previste cinque lire di provisini. Come esecutori testamentari sono designati il chierico Francesco di Velletri e l'abate di Santa Prassede (dei monaci di Vallombrosa), mentre come difensore del testamento viene scelto Giovanni *Cessi*, un Capocci canonico di San Giovanni in Laterano.[31]

Il canonico Silvestro malato, già il giorno dopo della stesura del testamento, redasse un codicillo con alcuni ripensamenti ed aggiunte. Sorprende che come testimoni di questo atto fuorono chiamati ben tre *marmorarii* romani, tra cui il già menzionato Giovanni di Deodatello.[32] Potrebbe trattarsi di una pura coincidenza, ma anche di un raduno mirato, forse destinato ad un chiarimento e a un coordinamento in merito alle epigrafi menzionate nel testamento.

Il nostro Baroncelli ebbe la fortuna di vivere ancora quasi trent'anni dopo la dettatura del testamento (1381), ma grazie alla descrizione della sua lastra tombale, fortunatamente tramandata, siamo in grado di fornire ulteriori dettagli su quest'uomo e sulla sua ascesa sociale. L'epigrafe è la seguente:

Hic requiescit corpus quondam nobilis Silvestri de Baroncellis huius sacre basilice canonici, qui obiit anno domini MCCCLXXXI mense julii die XI, tempore Urbani pape VI anno eius IV, cuius anima requiescat in pace amen.[33]

---

29. Giovanni di Deodatello è menzionato (sempre riguardo al documento del 1352) in Lori Sanfilippo, *La Roma dei romani*, pp. 216, 235, 414.

30. Vedi a mo' di esempio (con ulteriore bibliografia) A. Rehberg, *La restituzione dei male ablata nell'operato dell'ospedale di S. Spirito in Sassia (sec. XIII-inizio XVI)*, in *Oeconomica. Studi in onore di Luciano Palermo*, a cura di A. Fara, D. Strangio, M. Vaquero Piñeiro, Viterbo 2016, pp. 199-221.

31. Vedi per Giovanni *Cessi* Rehberg, *Die Kanoniker*, pp. 229-232 (nr. L 18*).

32. Gli altri due *marmorarii* erano Paolo Salvatelli del rione Trevi e Paolo Serapita del rione Pigna.

33. Il testo dell'Amayden (qui riportato con alcune modifiche grafiche rispetto all'Amayden) è stato copiato più volte (vedi per esempio ASR, Biblioteca, Ms. 501, f. 81r). Mi baso qui per la citazione su T. Amayden, *La storia delle famiglie romane*, con note ed aggiunte del comm. C.A. Bertini, 2 voll., Roma 1910-1914 (rist. anast. Roma 1987), p. 119 (ai tempi dell'Amayden si vedeva la lastra a Santa Maria Maggiorre nella capela dei Cesi).

L'epigrafe poteva risalire alla committenza del 1352, appropriamente aggiornata con la data precisa della morte.[34] Quello che salta subito agli occhi è l'autoproclamazione del Baroncelli come *nobilis*, l'appellativo che dimostra che questo esponente di una famiglia di notai ormai si considerava appartenente all'aristocrazia cittadina. Sappiamo anche che sulla sua lastra tombale l'uomo era raffigurato e scolpito con abito di canonico, con una iscrizione lungo i bordi. Non mancava lo stemma araldico,[35] il cui uso non era riservato ai soli nobili, ma nel contesto funerario assunse comunque un impatto visivo notevole.

Sarebbe interessante fare confronti con altri testamenti conservati di canonici delle nostre tre basiliche. Per il Trecento sono rari quelli che riguardano personaggi dai natali popolari come il Baroncelli. Per il Quattrocento invece si possono portare più esempi. Mi limito al testamento di Lorenzo Venettini, canonico di San Pietro,[36] registrato in un libro di imbreviature del notaio Gianmatteo *de Salvectis*.[37] Purtroppo questo testo non offre i tanti dettagli che abbiamo apprezzato nel caso del Baroncelli. Comunque sappiamo che Antonio Venettini appartenne anche lui a una famiglia di notai del rione Monti. Suo padre era infatti il famoso notaio e

34. Per un tale uso si rinvia alle osservazioni dedicate all'iscrizione funeraria realizzata anni prima della morte effettiva di un precettore dell'ospedale di Santo Spirito a Roma (con la data precisa della morte ancora da aggiungere al mòmento del decesso) in A. Rehberg, *L'ospedale di S. Spirito a Tarquinia*, membrum hospitalis sancti Spiritus in Saxia de Urbe immediate subiectum *(secoli XIII-XV)*, in *Corneto medievale: territorio, società, economia e istituzioni religiose*, Atti del convegno di studio (Tarquinia, 24-25 novembre 2007), a cura di A. Cortonesi, A. Esposito, L. Pani Ermini e con la collaborazione di L. Gufi, Tarquinia 2009, pp. 245-298, qui p. 291.

35. Descritto in Amayden, *La storia*, p. 118. Proprio lo stemma dei Baroncelli è un buon esempio per l'importanza che rivestì l'araldica per i *newcomers* della società romana, dato che – se si vuole dare credito all'Amayden – proprio il cugino di Silvestro, il tribuno Francesco avrebbe aggiunto un'aquila con globo allo stemma recante fino a quel momento solo una sbarra (Amayden parla della «traversa»). C'è da dire però che tali notizie riguardanti proprio questo secondo tribuno di Roma sono da prendere con la massima cautela. Amayden stesso fa riferimento a F. Zazzera, *La famiglia de marchesi Castelli principi già de la regione Narina nell'Umbria*, Roma 1611. Ma lì manca ogni riferimento ai Baroncelli. Mi riservo di tornare su questo argomento in un'altra occasione.

36. Non avendo ancora trovato una considerazione storiografica si può rinviare alle apparizioni in numerose pergamene come ad esempio ASR, *Collezione pergamene* 65/327 (Ospedale di Santo Spirito); ASR, *Ospedale di S. Spirito*, reg. 211, f. 125r (1468 dic. 18).

37. Il testo del testamento si trova in ASR, Collegio *dei Notai Capitolini*, not. *Johannes Matheus de Salvectis*, 1629, ff. 38v-39v (1469 gen. 29).

scribasenatus Nardo, che annoverava fra i suoi illustri clienti in particolare la famiglia Colonna, la quale sotto Martino V (1417-1432) raggiunse l'apice del suo potere.[38] Suo fratello Antonio Venettini, *iuris doctor*, divenne avvocato concistoriale.[39] Le carriere dei Venettini rispecchiano le nuove possibilità offerte dal ritorno del papato nella sua capitale dopo la lunga assenza della Curia ad Avignone e le peripezie del periodo del Grande Scisma d'Occidente.[40] Menziono fra le famiglie romane che adesso facevano la loro fortuna anche grazie all'occupazione di canonicati prestigiosi solo i Della Valle, i Mellini, i Leni, i Santacroce e gli Altieri.[41] Queste famiglie si erano affermate solo a partire dalla fine del Trecento. I Venettini appartennero alla cerchia delle famiglie le quali – come i Cesarini e i Capranica – erano rifiorite all'interno delle clientele della famiglia Colonna.[42]

Che dice allora il testamento di Lorenzo datato 29 gennaio 1469? Dopo la comune invocazione proverbiale «nil incertius hora et puncto mortis et nil certius ipsa morte» raccomanda la sua anima al creatore. Il canonico sceglie la sua sepoltura nella cappella di Sant'Andrea, cioè quella cappella gentilizia eretta dai suoi genitori in Santa Maria Nova (oggi Santa Francesca Romana),

38. C. Bianca, *Martino V*, in *Enciclopedia dei papi*, II, Roma 2000, pp. 619-634.

39. A. Vendettini, *Serie cronologica de' senatori di Roma illustrata con documenti dal conte Antonio Vendettini conservatore, dedicata a sua eccellenza il Signor D. Abondio Rezzonico*, Roma 1778, pp. 70 ss. Vedi per i suoi servizi diplomatici per papa Martino V nel 1424 R. Valentini, *Lo stato di Braccio e la guerra Aquilana nella politica di Martino V (1421-1424)*, in «ASRSP», 52 (1929), pp. 223-379, qui pp. 305, 359 ss., 362, 365.

40. Basta citare a questo punto il volume *Alle origini della nuova Roma* nonché L. Palermo, *L'economia*, in *Roma del Rinascimento*, a cura di A. Pinelli, Roma 2001, pp. 49-91.

41. Per le famiglie menzionate si rinvia a G. Venditti, *Archivio Della Valle-Del Bufalo. Inventario*, Città del Vaticano 2009; Bartholomaeus Platyna, *Vita amplissimi patris Ioannis Melini*, a cura di M.G. Blasio, Roma 2014 (questa edizione à ricca anche di riferimenti bio-bibliografici); I. Ait, M. Vaquero Piñeiro, *Dai Casali alla Fabbrica di San Pietro. I Leni: uomini d'affari del Rinascimento*, Roma 2000; A. Esposito, *Per una storia della famiglia Santacroce nel Quattrocento: il problema delle fonti*, in «ASRSP», 105 (1982), pp. 203-216. Per quanto concerne Angelo Altieri, canonico di San Giovanni in Laterano, vescovo di Sutri-Nepi, morto nel 1473, si rinvia al suo testamento: ASR, *Collegio dei Notai Capitolini*, 920, notaio *Paulus Simonis de Jannuciis*, cc. 97v-98r. Per il suo contesto familiare si veda Marco Antonio Altieri, *Li nuptiali*, a cura di E. Narducci, introduzione di M. Miglio, appendice documentaria e indice ragionato dei nomi di A. Modigliani, Roma 1995.

42. A. Rehberg, Etsi prudens paterfamilias [...] pro pace suorum sapienter providet. *Le ripercussioni del nepotismo di Martino V a Roma e nel Lazio*, in *Alle origini della nuova Roma*, pp. 225-282.

dichiarata anche sua erede universale. Lorenzo appare come proprietario di più immobili, tra cui la casa dove allora risiedeva, e la casa abitata da suo nipote Paolo Venettini conosciuto come docente allo *Studium Urbis*.[43] Anche a sua sorella Brigida – il cui nome inusuale per Roma riflette sicuramente la venerazione dei suoi genitori verso l'omonima santa svedese[44] – era destinata una casa. Il nipote Paolo riceve i cavalli e muli dello zio canonico. Fra i doni pii meritano essere menzionate una donazione per la dote di un'orfana («pro maritagio unius orphane pauperis») e due ducati da sborsare a uno che compie il viaggio indulgenziale a Loreto (?).[45]

Possiamo supporre che altre disposizioni rilasciate in forma orale andavano nella direzione di quelle già analizzate per il caso di Silvestro Baroncelli. Sappiamo infatti dal Forcella che – come cent'anni prima il canonico Silvestro – anche Lorenzo si sentiva obbligato alla salvaguardia della memoria della famiglia. Infatti commissionò in Santa Francesca Romana due lapidi sepolcrali.[46] La prima ricorda il padre Nardo che sigillò il suo avanzamento sociale con l'assunzione dell'incarico di conservatore della *camera Urbis*.[47] La seconda lastra riguarda i suoi tre fratelli: l'avvocato concistoriale Antonio, continuatore della famiglia, il canonico di San Giovanni in Laterano Giovanni nonché il canonico di Santa Maria maggiore e *decretorum doctor* Battista.[48] È ovvio che era anche un vanto per la famiglia l'essere riuscita a occupare un posto in tutti i tre capitoli più

43. Per questo Paolo Venettini si rinvia alla scheda in B. Schwarz, *Kurienuniversität und stadtrömische Universität von ca. 1300 bis 1471*, Leiden-Boston 2013, pp. 544 ss.
44. Per questo aspetto devozionale vedi Esch, *Tre sante*, p. 116.
45. Per via della forte storpiatura l'identificazione della località indicata («ad sanctam Mariam dello Vetro») con Loreto risulta ancora incerta. Per l'attrazione del centro mariano vedi F. Grimaldi, *Pellegrini e pellegrinaggi a Loreto nei secoli XIV-XVIII*, Loreto 2001.
46. V. Forcella, *Iscrizioni delle chiese e d'altri edifici di Roma dal secolo XI fino ai giorni nostri*, 14 voll., Roma 1869-1884, II, p. 9, nn. 23-24.
47. Per questo importante ufficio ai vertici del governo municipale romano introdotto nel 1369 – come anche in generale per gli sviluppi istituzionali di Roma nel Trecento – si rinvia a E. Duprè Theseider, *Roma dal comune di popolo alla signoria pontificia (1252-1377)*, Bologna 1952, in particolare p. 678.
48. I. Lori Sanfilippo, *Le vie della nobilitazione: percorsi di ascesa sociale (1350-1450 circa)*, in *La nobiltà romana*, a cura di S. Carocci, pp. 531-550, 535 n. 15 (per i figli di Nardo Venettini); J.-C. Maire Vigueur, *Les "casali" des églises romaines à la fin du Moyen Age (1348-1428)*, in «Mélanges de l'École française de Rome. Moyen Age», 86 (1974), pp. 63-136, qui p. 69 n. 3 (per il canonico Giovanni di Nardo Venettini). Per la famiglia vedi M. Basilici, *La famiglia Vendettini*, Roma 2006 (http://www.pereto.info/documenti/vendettini/vendetti35.pdf, ultimo accesso il 24 gennaio 2017).

prestigiosi di Roma. Che sulle epigrafi non manchi lo stemma famigliare è ormai la norma.

Vale la pena di esaminare il testamento di Giovanni Foschi di Berta (*de Fuscis de Berta*) inserito nello stesso libro di imbreviature del notaio Gianmatteo *de Salvectis*. Giovanni era canonico di Santa Maria Maggiore e dettò le sue ultime volontà il 24 luglio 1468.[49] Il prete di vecchia famiglia[50] inizia il suo testamento con una solenne *invocatio*. Accanto alla Santissima Trinità e alla Vergine, l'invocazione è diretta a Giovanni Battista come omaggio al patrono suo omonimo nonché agli apostoli Pietro e Paolo.[51] Il canonico affida l'anima a Gesù Cristo nonché a san Michele Arcangelo. Non c'è spazio neanche per riassumere tutte le donazioni pie nonché le messe di *requiem* e gli anniversari previsti che avrebbero coinvolto i confratelli, gli altri chierici della sua basilica e numerose comunità di monaci e religiosi, dagli olivetani di Santa Maria Nova ai frati francescani di Santa Maria in Aracoeli agli agostiniani di Santa Maria del Popolo.[52] Tanti sono i legati in favore delle anime dei suoi parenti, fra i quali eccellono lo zio, il cardinale Angelotto († 1444) e il fratello Mattia, vescovo di Rieti († 1450).[53] Già con questi nomi illustri si delinea una essenziale differenza rispetto alle biografie dei due nuovi arrivati Baroncelli e Venettini, non ancora in grado di riferirsi a parenti ecclesiastici saliti ad alti gradi della gerarchia ecclesiastica.

---

49. Il testamento è conservato sia nella sua redazione *in mundo* – ASR, *Collezione pergamene* (Ospedale della Consolazione) 50/75 – sia nella registrazione del protocollo notarile: ASR, *Collegio dei Notai Capitolini*, not. *Johannes Matheus de Salvectis*, 1629, ff. 28v-33v; cfr. la trascrizione (senza riferimento alla fonte) in Roma, Biblioteca Vallicelliana, *Fondo Corvisieri*, busta XV, fasc. 5.
  50. Per la sua famiglia si rinvia a Rehberg, *Familien aus Rom*, parte I, pp. 74-80.
  51. «In nomine sancte et individue Trinitatis, Patris et Filii et Spiritus sancti eiusque genitricis gloriose semper virginis Marie ac beatorum Johannis Baptiste et apostolorum Petri et Pauli et omnium sanctorum et sanctarum Dei et totius curie celestis exercitus, amen».
  52. Donazioni riguardavano anche vestiti in favore di diversi parenti, dei suoi concanonici e del clero minore (cappellani e *beneficiati*) di Santa Maria Maggiore (ff. 28v-29r). L'elenco delle comunità religiose è lungo: i *fratres* di Santa Croce in Gerusalemme, di Sant'Eusebio, di San Pietro in Vincoli, di Santa Maria Nova, Sant'Alessio, Santa Sabina, Santa Maria sopra Minerva, i frati di San Francesco in Trastevere, dell'Aracoeli, dei Santi XII Apostoli, di Santa Maria del Popolo (f. 29r).
  53. Per Mattia Foschi, già titolare della diocesi di Manfredonia e chierico della Camera apostolica, vedi K. Eubel, *Hierarchia catholica medii aevi sive summorum pontificum, S.R.E. cardinalium, ecclesiarum antistitum series ab anno 1198 usque ad annum 1431 perducta*, 2 voll., Monasterii 1913-1914 (rist. Padova 1960), II, pp. 221, 238.

All'aristocratico Giovanni non bastava una unica cappella funeraria; egli dota tre cappelle da lui fondate o ancora da costruire! Diversamente dai due canonici finora presentati, lui non si accontenta della sola commissione di epigrafi. Giovanni detta – per la cappella da lui edificata nella chiesa di San Nicola *in columpna Traiani*[54] – un intero programma figurativo da realizzare con 50 ducati.[55] Numerosissimi sono i lasciti a favore di vari parenti e donne riguardanti scorte di grano, vestiti ed immobili (case, botteghe [*apotecae*] e terreni).[56] Vengono destinati alla suddetta cappella vari arnesi e libri liturgici. Nel caso che non fossero osservate le disposizioni, i loro nuovi beneficiari sarebbero divenuti la basilica di San Pietro o l'ospedale di Santo Spirito in Sassia. La distanza sociale del Foschi de Berta rispetto agli altri due canonici si nota anche nella scelta degli esecutori testamentari: il vescovo di Treviso Francesco Barozzi,[57] il procuratore spagnolo presso la Curia Alonso Palladina, *thesaurarius* del duomo di Sevilla, nonché i *nobiles* romani e cugini (*consobrini*) del testatore Paolo Cerroni, *Palutius Johannis Matthei* e Francesco Astalli.

Decisivi per l'ascesa sociale nel Quattrocento sembrano esserci stati gli studi universitari che, a quanto pare, mancarono al Baroncelli e al Venettini.[58] Agli studenti capaci di inserirsi nel mondo accademico e curiale

54. Questa chiesa, situata alla base della Colonna Traiana, non esiste più; la sconsacrazione della chiesa di San Nicola deve quindi essere accaduta fra il 1560 ed il 1570: Ch. Huelsen, *Le chiese di Roma nel Medio Evo. Cataloghi ed appunti*, Firenze 1927 (rist. anast. Roma 2000), nr. N10.

55. Davanti all'altare si doveva dipingere l'immagine di Gesù crocifisso tra la Madonna e san Giovanni Evangelista; ai lati dell'altare san Michele e sant'Ivo, avvocato dei poveri; nel soffitto invece i quattro evangelisti; di fianco, "verso la colonna", la storia di san Michele del Monte Gargano; dall'altro lato la storia di san Gregorio Magno. Questo brano è già stato riportato in O. Montenovesi, *Pergamene dell'archiospedale di S. Maria della Consolazione*, in «Archivi d'Italia», 9 (1942), pp. 25-45, qui 36 e in A. Esposito, *La documentazione degli archivi di ospedali e confraternite come fonte per la storia sociale di Roma*, in *Gli atti privati nel tardo Medioevo. Fonti per la storia sociale* (= *Private Acts of the Late Middle Ages. Sources of Social History*), a cura di P. Brezzi, E. Lee, Toronto-Roma 1984, pp. 69-79, qui pp. 71 ss.

56. Da menzionare è anche una bottega di un calzolaio a Roma nei pressi dei fori imperiali in favore della chiesa di Rieti («Item relinquo ecclesie Reatine apotecam parvam calsolarie sitam in contrada Turris de Comite»).

57. L'identificazione segue Eubel, *Hierarchia*, II, p. 248.

58. La necessità di inviare i figli all'università (a volte ricordata anche nei testamenti dei genitori) viene ribadita in Lori Sanfilippo, *Le vie della nobilitazione*, pp. 547, 549. Vedi il contributo di Davide Internullo in questo volume.

nonché affini alle nuove tendenze dell'umanesimo si apriva persino la strada al cardinalato.[59] Basta menzionare Giovanni Battista Mellini (1405-1478), che fu l'oggetto della «prima biografia umanistica a carattere monografico dedicata a un cardinale»,[60] opera della penna del Platina.[61] La sua carriera è emblematica per il percorso di ascesa sociale di un romano dei ranghi popolari della città di Roma nel Quattrocento. Dopo esser stato fatto canonico di San Giovanni in Laterano cominciò lo studio del diritto canonico presso l'Università di Perugia. Divenne canonico di San Pietro e vicario di questa basilica. Paolo II lo fece vescovo di Urbino (1468) e Sisto IV infine gli conferì – e qui il nostro romano raggiunse l'apice di quello che uno dei suoi natali poteva aspirare! – la porpora (1476). Non disponiamo di un suo testamento, ma il suo monumento funebre superstite nella chiesa di Santa Maria del Popolo – con tanto di apparato epigrafico ed araldico – dimostra una qualità e una raffinatezza, che mettono in ombra tutte le committenze dei Baroncelli e Venettini presentate.[62] Possiamo solo immaginare la ricchezza del suo patrimonio librario (inventari librari diventeranno adesso d'obbligo nei testamenti dei romani eruditi laici o chierici).[63]

59. Per i nomi di chi riuscì a diventare cardinale si rinvia a A. Rehberg, *Die Kardinäle aus Rom und die Macht der Klientelbeziehungen (1277-1527)*, in *Die Kardinäle des Mittelalters*, pp. 55-109.

60. M.G. Blasio, *Mellini, Giovanni Battista*, in *DBI*, LIII, Roma 2009, pp. 337-339 (citazione a p. 337).

61. Platyna, *Vita amplissimi patris Ioannis Melini, passim*. Vedi A. Rehberg, *Come scrivere la vita di un prelato romano nel Quattrocento? Qualche nota sulla* Vita amplissimi patris Ioannis Melini *del Platina*, in «RR. roma nel rinascimento», (2014), pp. 89-97.

62. Per l'evoluzione dell'arte funeraria nel Quattrocento a Roma si vedano A.M. Corbo, *La committenza nelle famiglie romane a metà del secolo XV: il caso di Pietro Millini*, in *Arte, committenza ed economia a Roma e nelle corti del Rinascimento (1420-1530)*, Atti del Convegno Internazionale (Roma, 24-27 ottobre 1990), Torino 1995, pp. 121-153 e C. La Bella, *Lastre tombali quattrocentesche. Appunti sulla fortuna romana della tomba Crivelli di Donatello*, in «Studi Romani», 53 (2005), pp. 497-518. Per quanto concerne le tombe cardinalizie si rinvia al progetto di ricerca "REQUIEM – Le tombe papali e cardinalizie nella prima età moderna" con il suo database in rete: http://requiem-projekt.de/informationen/ziele/obiettivi/ (ultimo accesso il 20 gennaio 2016).

63. Vedi in merito A. Spotti Tantillo, *Inventari inediti di interesse librario, tratti da protocolli notarili romani (1468-1523)*, in «ASRSP», 98 (1975), pp. 77-94; A. Esposito Aliano, *Famiglia, mercanzia e libri nel testamento di Andrea Santacroce (1471)*, in *Aspetti della vita economica e culturale a Roma nel Quattrocento*, Roma 1981, pp. 195-220; G. Severino, *Libri e cultura scientifica a Roma alla metà del Quattrocento*, in

Ulteriori confronti si potrebbero fare con i testamenti del canonico di San Pietro e docente di diritto civile presso lo *Studium Urbis* Nicolò della Valle (1456)[64] e del canonico di San Pietro Pietro Leni (*de Lenis*) (1491). Quest'ultimo, padre di una serie di figli, si era fatto chierico dopo la morte della moglie. La sua ultima volontà dimostra l'attaccamento affettivo del chierico verso la chiesa prediletta dei Leni, quella dei Santi Quaranta Coronati *de Lenis in Julia seu Seputero* (oggi chiesa delle Stimmate di San Francesco vicino all'odierno Largo Argentina), dove era stata sepolta sua moglie. Fra i lasciti menzioniamo qui solo le «misse sancti Gregorii».[65] Constatiamo quindi che anche i Della Valle e i Leni sigillarono la loro ascesa sociale con l'assunzione di benefici e incarichi ecclesiastici prestigiosi.

ibid., pp. 151-194; A. Modigliani, *Prezzo e commercio dei libri a stampa nella Roma del secolo XV*, in *Produzione e commercio della carta e del libro. Secc. XIII-XVIII*, Atti della XXIII Settimana di studi dell'Istituto internazionale di storia economica F. Datini (Prato, 15-20 aprile 1991), a cura di S. Cavaciocchi, Firenze 1992, pp. 921-927; L. Miglio, *Libri, alchimia e medicina nella Roma di Sisto IV*, in Roma, magistra mundi. Itineraria culturae medievalis. *Mélanges offerts au Père L. E. Boyle à l'occasion de son 75ᵉ anniversaire*, a cura di J. Hamesse, Louvain-La-Neuve 1998, pp. 597-613; P. Munafò, N. Muratore, *La Biblioteca Angelica*, Roma 1989; Giuseppe Lombardi, *«Son qui più libri che 'n tucto passato». Aspetti del libro a corte nella Roma del Quattrocento*, in *Il libro a corte*, a cura di A. Quondam, Roma 1994, pp. 39-55; C. Bianca, *I libri a stampa nelle biblioteche romane*, in *Gutenberg e Roma. Le origini della stampa nella città dei papi (1467-1477)*, a cura di M. Miglio, O. Rossini, Napoli 1997, pp. 113-120; A. Modigliani, *Cittadini romani e libri a stampa*, in *Roma di fronte all'Europa al tempo di Alessandro VI*, Atti del Convegno (Città del Vaticano-Roma, 1-4 dicembre 1999), a cura di M. Chiabò, S. Maddalo, M. Miglio, A.M. Oliva, Roma 2001, II, pp. 469-494; A. Esposito, *L'eredità di Gabriele de' Rossi, patritius romanus, comes palatinus e 'antiquario'*, in *Roma donne libri tra Medioevo e Rinascimento. In ricordo di Pino Lombardi*, Roma 2004, pp. 317-341; C. Bianca, *I libri a stampa nelle biblioteche degli umanisti alla fine del Quattrocento*, in *Biblioteche private in età moderna e contemporanea*, Atti del Convegno Internazionale (Udine, 18-20 ottobre 2004), a cura di A. Nuovo, Milano 2005, pp. 23-31.

64. Nicolò fu canonico di San Pietro e, nel 1473, docente di diritto civile presso lo *Studium Urbis*; morì a soli 28 anni lasciando un testamento, del quale esistono diverse copie (1455 nov. 6, 1456 ago. 13): M. De Nichilo, *Della Valle, Niccolo*, in *DBI*, XXXVII, Roma 1989, pp. 759-762; Venditti, *Archivio Della Valle-Del Bufalo*, p. 155, 157, 170, 180, 232, 297 (il canonico ebbe un figlio *naturalis*: Antonio), 347.

65. Il testamento è tramandato in una copia di età moderna in ASR, *Collegio dei Notai Capitolini*, 1720, ff. 69r-71v, 112r-113r (1491 mar. 20).

2. Sinergie fra la formazione ecclesiastica
e la cultura laicale di Roma nel Trecento

Abbiamo oggi una visione assai elitaria del clero che potrebbe sembrare una classe e un potere a sé con poche interferenze specialmente culturali con la società laica circostante. Nel Medioevo naturalmente – e lo sappiamo tutti – la situazione era totalmente diversa.[66] Ma forse nemmeno gli specialisti si rendono conto quanto a volte era sottile il confine tra il mondo laico e quello ecclesiastico. Abbiamo visto nella prima parte quanto erano fitte le relazioni economiche, politiche e sociali fra i due ambienti.[67] Adesso vogliamo affrontare almeno un aspetto di questa commistione sul campo culturale.[68] Vogliamo accendere le luci su quei personaggi che – spesso in giovane età – furono avviati alla carriera ecclesiastica, che abbandonarono però già dopo qualche anno. Questi passaggi erano tutt'altro che infrequenti. La mia impressione è che questo fenomeno – ancora poco studiato[69] – abbia avuto anche un ruolo nell'avanzamento sociale di alcune famiglie nella Roma tardomedievale.

66. Per lo *status* clericale nel Medioevo esiste una vasta bibliografia. Per gli aspetti giuridici si rinvia a M. Boelens, *Die Kleriker in der kirchlichen Gesetzgebung vom II. Laterankonzil bis zum Konzil von Basel*, in Ius sacrum. *Klaus Mörsdorf zum 60. Geburtstag*, a cura di A. Scheuermann, G. May, München-Paderborn-Wien 1969, pp. 593-614, qui pp. 593-614 nonché R.-H, Bautier, *«Clercs mécaniques» et «clercs marchands» dans la France du XIIIᵉ siècle*, in «Comptes rendus des séances de l'Académie des Inscriptions et Belles-Lettres», 125/2 (1981), pp. 209-242. Per gli aspetti socio-culturali si vedano, oltre alla bibliografia presentata *supra* n. 1, anche, per esempio, *Le clerc au Moyen Âge*, Actes du XXᵉ colloque du Centre universitaire d'études et de recherches médiévales d'Aix, Aix-en-Provence 1995 (anche per la prospettiva della storia della letteratura) e A. Rigon, *L'identità difficile. Il clero secolare tra universalità e particolarismi*, in *Vita religiosa e identità politiche. Universalità e particolarismi nell'Europa del tardo medioevo*, a cura di S. Gensini, Pisa 1998, pp. 287-300.
67. Per le linee generali dell'avanzamento dei *nobiles viri* a Roma vedi da ultimo I. Ait, D. Strangio, *Economic Power in Rome. The role of the city's elite families (the 1400-1500 period)*, in «Mélanges de l'École française de Rome», 128/1 (2016) (pubblicato in rete: http://mefrm.revues.org/3083, ultimo accesso il 20 dicembre 2016), con ulteriore bibliografia.
68. Per il fenomeno in generale vedi per Roma A. Rehberg, *Roma 1360: Innocenzo VI, lo* status popularis *e gli statuti di Roma*, in «BISIME» 110 (2008), pp. 237-278, qui p. 264. Non affrontiamo qui la dimensione religiosa che non vogliamo escludere affatto, dato che non saranno mancati fra i tonsurati uomini che cercarono una vita interiore particolare, pensiamo solo agli *oblati* delle comunità religiose e ai vari gruppi di terziari: vedi per una vasta bibliografia A. Thompson, O.P., *Cities of God. The Religion of the Italian Communes, 1125-1325*, Pennsylvania 2005.
69. Ma si veda già H. Lieberich, *Klerus und Laienwelt in der Kanzlei der baierischen Herzöge des 15. Jahrhunderts*, in «Zeitschrift für bayerische Landesgeschichte», 29 (1966), pp.

L'appendice offre senza pretesa di completezza una prima schedatura, limitata al Trecento, di 66 casi di chierici ritornati allo stato laicale. I nomi raccolti forse costituiscono solo la punta dell'iceberg, ma sicuramente ci devono essere stati molti più casi analoghi. Il materiale riguarda perlopiù chierici che sono documentati nei registri vaticani in quanto beneficiari di lettere papali di provvista riguardante un beneficio – di solito collegato a un canonicato in una delle numerose chiese collegiate dell'Urbe – che serviva a un chierico per mantenersi adeguatamente senza prendere gli ordini sacri.[70] Sappiamo che anche tante cappelle e benefici legati a un patronato privato furono occupati per scelta dei patroni che favorirono a volte anche chierici che in seguito tornarono laici.[71]

A volte è il puro caso a portare alla conoscenza dello *status* clericale di un personaggio che altrimenti figurerebbe come un semplice laico.[72] Lo illustra bene il caso di Giacobello di Stefanello di Giovanni Roncioni (app. nr. 53), che altrimenti appare come un normale cittadino romano negli atti notarili della sua città.[73] Sappiamo invece da una lettera papale del 1372 che egli era un «clericus

239-258, qui pp. 241 ss. Ringrazio Brigide Schwarz (Berlin) e Tom Izbicki (New Brunswick-USA) nonché Karl-Heinz Spieß (Greifswald) per aver risposto ai miei quesiti in merito.

70. Il fatto che fra questi campioni si trova anche qualche punto interrogativo è dovuto alle difficoltà di identificazione, dato che la raccolta si basa di solito su indizi che non possono sempre escludere la confusione con persone omonime. Consideriamo l'identità accertata se la persona prima appare nella veste di chierico (ad esempio nell'ambito di un richiesta per un beneficio ecclesiastico) e dopo qualche anno in atteggiamenti e affari tipicamente laici (magari con un patronimico identico e una titolatura laica come *nobilis vir* anziché *venerabilis dominus*).

71. Vedi per questo settore in generale C. Pagani Planca Incoronati, *La chiesa di S. Nicola degli Incoronati in Roma*, in «ASRSP», 61 (1938) pp. 193-239; Ch. Weber, *Familienkanonikate und Patronatsbistümer. Ein Beitrag zur Geschichte von Adel und Klerus im neuzeitlichen Italien*, Berlin 1988, *passim* (pp. 36 ss. per il fatto che spesso ne approfittarono anche chierici che non avevano che le ordinazioni minori); G. Greco, *La Chiesa in Italia nell'età moderna*, Roma 1999, p. 240 n. 89.

72. È grazie a una lite sulla competenza del tribunale del senatore di Roma, invocato da una donna contro Antonio *Tucii Laurentii* (app. nr. 35) per ingiustizie subite, e all'appello rivolto da quest'ultimo al papa affinché lo facesse giudicare dal vicario di Roma (Giacomo Muti, vedi *infra* n. 92), che veniamo a sapere che Antonio era «clericus coniugatus» e quindi esente dalla giurisdizione comunale: *Lettres communes. Urbain V (1362-1370)*, a cura di M.-H. Laurent *et alii*, Paris 1958-1989, nr. 24342 (1369 lug. 7).

73. Così il detto Giacobello appare nel 1378 come *fideiussor* in un contratto legato a un deposito monetario in R. Mosti, *Francesco de Caputgallis. Un notaio romano del Trecento. I protocolli di Francesco di Stefano de Caputgallis (1374-1386)*, Roma 1994, pp. 144 ss. nr. 188 (1378 febb. 11).

coniugatus» che aveva subito le persecuzioni e il processo di un concittadino che lo aveva accusato davanti al vescovo di Spoleto Giacomo Muti di avergli rubato soldi e mobili dalla sua casa (ma il Muti, morto nel frattempo, lo aveva assolto da questa accusa e la lettera papale incaricò l'arciprete di Sant'Eustachio di attuare la sua sentenza).[74] Pare che il Giacobello avesse avuto un figlio, Lorenzo, che nel 1377 risulta ben avviato alla carriera ecclesiastica, essendo destinatario di una lettera di provvista con la quale Gregorio XI gli conferì un canonicato nella chiesa romana dei Santi Sergio e Bacco.[75]

Ma dobbiamo prima aprire una parentesi per capire meglio la situazione giuridica di questi chierici. Si entrava formalmente nel clero con l'atto della tonsura, la rasura della corona dei capelli, che forniva il primo distintivo fra il chierico e il laico. Questo passo si poteva richiedere a partire dall'età di sette anni.[76] Poi si arrivava ai quattro gradi minori (*quattuor minores*: ostiario, lettore, esorcista, accolito). Solo con gli ordini maggiori, cioè dal suddiaconato in su, si era obbligati al celibato.[77] Un tonsurato e insignito delle ordinazioni minori (chiamato anche "minorista") poteva ancora sposarsi e in questo caso – ma perlopiù in documenti di natura giuridica – veniva chiamato esplicitamente «clericus coniugatus».[78] Veniamo agli ordini maggiori. Per il suddiaconato erano prescritti 18 anni, per il diaconato 20 e per il sacerdozio 25. La diffusa resistenza a proseguire fino al suddiaconato, al diaconato e al presbiterato[79] si spiega con il fatto che

---

74. ASV, *Reg. Aven.* 187, f. 517r (1372 ott. 1).

75. ASV, *Reg. Aven.* 245r (1377 mag. 27).

76. Per la tonsura nello specifico si rinvia a Bautier, *«Clercs mécaniques»*, p. 211; V. Tabbagh, *Effectifs et recrutement du clergé séculier français à la fin du Moyen Age*, in *Le clerc séculier au Moyen Âge*, pp. 181-190, qui 185.

77. Vedi per questi passaggi consecutivi B. Kleinheyer, *Die Priesterweihe im römischen Ritus*, Trier, 1962; *Medieval Purity and Piety. Essays on Medieval Clerical Celibacy and Religious Reform*, a cura di M. Frassetto, New York-London 1998 e J.-C. Bologne, *Histoire du célibat et des célibataires*, Paris 2004.

78. Vedi app. nrr. 35 e 53. Per lo *status* giuridico di un tale «clericus coniugatus» si rinvia a X.3.3 (*de clericis coniugatis*), ed. *Corpus Juris Canonici*, II, *Decretalium Collectiones. Editio Lipsiensis secunda*, a cura di A. Friedberg, Leipzig 1879 (rist. anast. Graz 1955), coll. 457-460; VI.3.2 (*de clericis coniugatis*), *ibid.*, col. 1019. Cfr. K.S. Bader, *Klerikernotare in des Spätmittelalters in Gebieten nördlich der Alpen*, in *Speculum iuris et ecclesiarum. Festschrift für Willibald M. Plöchl*, Wien 1967, rist. in Id., *Ausgewählte Schriften zur Rechts-und Landesgeschichte*, 3 voll., Sigmaringen 1983-1984, I, pp, 366-380; D.L. D'Avray, *Medieval Marriage: Symbolism and Society*, New York 2005, pp. 157 ss.

79. Vedi, per esempio, S.A. Bianchi, *Chierici, ma non sempre preti. Itinerari clericali nel Veneto fra la fine del XIII e gli inizi del XV secolo*, in *Preti nel medioevo*, pp. 47-91, qui

un tale passo avrebbe impedito il ritorno allo stato laicale. In confronto al numero altissimo dei tonsurati (ossia minoristi), solo in pochi giunsero al sacerdozio.[80] Secondo una mia ricerca effettuata sugli ordinandi a Roma (dove affluivano tanti candidati da tutta la cristianità) all'inizio del XVI secolo solo fra il 16 e al massimo il 38% dei candidati ricevettero l'ordinazione a preti.[81] Sappiamo che già ai tempi di Bonifacio VIII e poi sotto Giovanni XXII (ca. 1320-1321) i consigli cittadini romani si lamentavano con il pontefice dei «multi in Urbe solius prime tonsure privilegii clippeo communiti» che si comportarono in realtà come laici («isti scelerati, qui se clericos asserunt vestigiis laycalibus inherentes»!).[82]

pp. 65 ss. e G. Cagnin, *"Ad adiscendum artem et officium clericatus"*. *Note sul reclutamento e sulla formazione del clero a Treviso (sec. XIV)*, in *Preti nel medioevo*, pp. 93-124, qui pp. 99, 101.

80. Vedi in generale per le ricerche sulla base dei registri degli ordinandi M. Venard, *Pour une sociologie du clergé au XVI*[e] *siècle. Recherches sur le recrutement du clergé dans la province d'Avignon*, in «Annales E.S.C.», 23 (1968), pp. 987-1076; C. Piana, C. Cenci, *Promozioni agli ordini sacri a Bologna e alle dignità ecclesiastiche nel Veneto nei secoli XIV-XV*, Quaracchi 1968; L. Binz, *Vie religieuse et réforme ecclésiastique dans le diocèse de Genéve*, Genéve 1973, pp. 273 ss. (a proposito di liste di ordinazioni degli anni 1443 fino 1445); R.N. Swanson, *Titles of Orders in Medieval Episcopal Registers*, in *Studies in Medieval History presented to R. C. H. Davis*, a cura di H. Mayr-Harting, R. Ian Moore, London-Ronceverte 1985, pp. 233-245; *Die Weiheregister der Seckauer Bischöfe vor der Reformation 1425-1507*, a cura di F. Hutz, Graz 1988; N. Lemaitre, *Le Rouergue flamboyant. Clergé et paroisses du diocèse de Rodez (1417-1563)*, Paris 1988; V. Tabbagh, *Effectifs et recrutement du clergé séculier français à la fin du Moyen Age*, in *Le clerc séculier au Moyen Age*, pp. 181-190 e – per le ordinazioni effettuate nell'ambito della Curia romana – K. Salonen, J. Hanska, *Entering a Clerical Career at the Roman Curia, 1458-1471*, Farnham 2013.

81. A. Rehberg, *L'affluenza di ordinandi a Roma alla vigilia della Riforma Luterana. Alcune premesse per ricerche future*, in *La Papauté à la Renaissance*, dir. da F. Alazard, F. La Brasca (Collection Le Savoir de Mantice), Paris 2007, pp. 167-249, qui p. 221. Per ulteriori dati si rinvia a Salonen, Hanska, *Entering a Clerical Career, passim*.

82. J. Ficker, *Urkunden zur Geschichte des Roemerzuges Kaiser Ludwig des Baiern*, Innsbruck 1865, pp. 10 ss. nr. 19 (databile verso il 1320-1321); G.F. Gamurrini, *Documenti dal Cod. dell'Angelica D, 8, 17*, in «ASRSP», 10 (1887), pp. 173-202, qui pp. 182 ss. doc. 10 (ripreso da F. Novati, *Gli scolari romani ne' secoli XIV e XV*, in «Giornale storico della letteratura italiana», 2 [1883], pp. 129-140: 131, 139). Come si evince da un mandato di papa Innocenzo VI rivolto al suo vicario «in spiritualibus» di Roma, non si placarono le lamentele contro i chierici romani «sediziosi» nemmeno ai tempi del cardinale Albornoz (purtroppo manca in questa fonte qualsiasi accenno esplicito sulla condizione sociale di questi chierici irrequieti): *Diplomatario del cardenal Gil de Albornoz. Cancillería pontifi-*

Erano tanti i motivi per avviare i propri figli alla carriera ecclesiastica. I chierici godevano di particolari privilegi "di foro",[83] ottenevano benefici ecclesiastici per potersi mantenere e venivano educati in vista dei loro obblighi liturgici. Nell'ambito della nostra ricerca quest'ultimo aspetto ci interessa in modo particolare. Ci chiediamo infatti quali erano le conseguenze per la cultura di questi chierici ritornati laici. Anche se i documenti sono piuttosto rari, si sa che almeno i capitoli maggiori di Roma erano muniti di strutture scolastiche.[84] Grazie ad alcuni studi sappiamo di più sulla formazione del clero per la Roma dalla prima età moderna in poi.[85] Il livello di cultura del clero non godeva sempre un'ottima fama (basta guardare le aspre critiche degli umanisti dello stampo di un Poggio Bracciolini, lui stesso curiale e «clericus coniugatus»).[86] Ma l'esame intellettuale richiesto

---

cia (1354-1356), presentazione e introduzione di E. Sáez, M. T. Ferrer, studio diplomatico a cura di J. Trenchs Odena, Barcelona 1981, II, p. 51 n. 59 (1354 mar. 24).

83. Oltre alla bibliografia generale già presentata si può rinviare a R. Poncet, *Les privilèges des clercs au moyen âge*, Paris 1901 (rist. anast. Genève 1975) (pp. 179 ss. abuso della esenzione dalla giurisdizione laica); R. Génestal, *Le privilegium fori en France, du décret de Gratien à la fin du XIV*[e] *siècle*, 2 voll., Paris 1921-1924.

84. Vedi qualche osservazione in riguardo in A. Rehberg, *Bonifacio VIII e il clero di Roma*, in *Bonifacio VIII. Ideologia e azione politica*, Atti del Convegno organizzato nell'ambito delle Celebrazioni per il VII Centenario della morte (Città del Vaticano-Roma, 26-28 aprile 2004), Roma 2006, pp. 345-378, qui p. 376 n. 144. Per il Quattrocento vedi Rehberg, *Luci ed ombre*, p. 422. Per un confronto con una realtà umbra: A. Czortek, *Studiare, predicare, leggere. Scuole ecclesiastiche e cultura religiosa in Alta Valle del Tevere nei secoli XIII-XV*, Selci-Lama 2016.

85. G. Pelliccia, *La preparazione ed ammissione dei chierici ai santi Ordini nella Roma del secolo XVI, con Appendice di documenti originali*, Roma 1946. Per l'insegnamento della grammatica Internullo, *Ai margini*, pp. 56-67 (a livello universitario), pp. 76-79 (a livello non universitario). Per gli *examina* praticati nell'ambito della Curia romana per gli aspiranti di benefici ecclesiastici che affluivano da tutta Europa vedi A. Meyer, *Arme Kleriker auf Pfründensuche. Eine Studie über das* in forma pauperum-*Register Gregors XII. von 1407 und über päpstliche Anwartschaften im Spätmittelalter*, Köln-Wien 1990, pp. 29 ss., 74 ss.

86. Vedi per esempio Poggio Bracciolini, *Facezie*, testo latino a fronte. Introduzione, traduzione e note di M. Ciccuto, Milano 1983, p. 129 (nr. XI: «Di un prete che ignorava la festività delle palme», cfr. p. 385), 239 (nr. CXIII «Di un analfabeta [homo non litteratus] che chiese all'arcivescovo di Milano la carica di arciprete»). Per i giudizi (con tanti *topoi* negativi) sul clero esiste una vasta bibliografia. Vedi diversi contributi in *Le clerc au Moyen Âge. Anticlericalism in Late Medieval and Early Modern Europe*, a cura di P.A. Dykema, H.A. Oberman, Leiden 1993 e, per alcuni voci da Oltrealpi, W. Janssen, *Das Erzbistum Köln im späten Mittelalter 1191-1515*, II, Köln 2003, p. 43 (con l'osservazione che parte dell'immagine negativa del clero secolare risale anche ad ambienti monastici e di religiosi

per gli ordini maggiori puntava sull'accertamento di conoscenze di base della teologia, della grammatica latina, della lettura e del canto. Era questo il bagaglio culturale minimo che gli ex chierici si portavano addosso per tutta la loro vita. Ma chi si fece chierico (o chi fu indotto a questo passo da genitori ambiziosi) poteva mirare ad approfittare dei vantaggi che questo *status* portò a chi voleva intraprendere un iter universitario[87] (che durante tutto il Medioevo non si concludeva necessariamente con l'acquisto di un grado universitario, riservato di solito a persone particolarmente facoltose o ambiziose).[88] Per farla breve: l'ex chierico mediamente sarà stato formato nello scrivere e leggere. Ciò significa che – con o senza qualche esperienza universitaria – poteva aspirare ad un ottimo avanzamento in tutti i campi della vita pubblica che richiedevano questa formazione essenziale.

Il fenomeno dei chierici con mogli sarebbe ancora da approfondire per quanto concerne i vari apparati della Curia romana (Cancelleria, Camera, Penitenziaria) nel Quattrocento, quando questi dicasteri erano ritornati stabilmente nell'Urbe. «Clerici coniugati» erano per esempio anche grandi umanisti come Poggio Bracciolini, Antonio Loschi, Leonardo Bruni e Cencio Rustici.[89]

Per quanto riguarda il ruolo degli studi universitari, si rimpiange in particolar modo la scarsità delle fonti per lo *Studium Urbis*, che come è noto dopo la sua fondazione nel 1303 da parte di Bonifacio VIII versava spesso in condizioni precarie.[90] Ciononostante mi sembra che proprio a

concorrenti sul campo pastorale) nonché O. Niccoli, *Rinascimento anticlericale. Infamia, propaganda e satira in Italia tra Quattro e Cinquecento*, Roma-Bari 2005.

87. I vantaggi dello *status* ecclesiastico per gli studenti universitari erano la possibilità di ottenere benefici per il loro mantenimento durante gli studi. Le autorità ecclesiastiche concedevano di solito l'esenzione dell'obbligo di residenza presso questi benefici durante la durata di questi studi (di norma di sette anni). Vedi W.E. Wagner, *Verheiratete Magister und Scholaren an der spätmittelalterlichen Universität*, in *Beiträge zur Kulturgeschichte der Gelehrten im späten Mittelalter*, a cura di F. Rexroth, Ostfildern 2010, pp. 71-100 nonché – per le università a Roma ossia presso la Curia – Schwarz, *Kurienuniversität, passim*.

88. Vedi in generale *Lauree. Università e gradi accademici in Italia nel medioevo e nella prima età moderna*, a cura di A. Esposito, U. Longo, Bologna 2013.

89. G. Gualdo, *Diplomatica pontificia e umanesimo curiale. Con altri saggi sull'Archivio Vaticano, tra medioevo e età moderna*, a cura di R. Cosma, Roma 2005, pp. 376 ss.

90. Per la storia dello *Studium Urbis*, assai travagliata nei suoi primi 150 anni di esistenza, vedi Schwarz, *Kurienuniversität, passim* e A. Rehberg, *Spigolature per la storia dello Studium Urbis nel Trecento*, in *L'università in tempo di crisi. Revisioni e novità dei saperi e delle istituzioni nel Trecento, da Bologna all'Europa*, a cura di B. Pio, R. Parmeggiani, Bologna 2016, pp. 177-192.

Roma casi di chierici che dopo gli studi intrapresi ritornarono laici devono
esser stati non pochi. Ma in mancanza di registri degli iscritti all'università
è sempre arduo trovare indizi sufficienti per poter attribuire uno studente
proprio allo *Studium Urbis*.

Vediamo più da vicino alcuni personaggi elencati nell'appendice che
offrono sufficienti indizi da renderli identificabili come studenti dello *Studium Urbis*. Una tale qualifica sembra molto probabile per Giacomo *Bran-
chalencii* Sanguini (app. nr. 56), che in una lettera di Gregorio XI emessa
nel 1371 riguardante l'aspettativa di un beneficio ecclesiastico viene definito «in iure civili scolaris».[91] Il fatto che come esecutore di questa lettera
viene destinato il vescovo di Arezzo ci dà un elemento per la sua attribuzione all'università di Roma, perché allora tale vescovo non era altro
che Giacomo Muti che come *vicarius Urbis* rivestì il ruolo di cancelliere
dello *Studium Urbis*.[92] Dal 1379 il Sanguini, in veste laica contraddistinta
dall'appellativo *nobilis vir*, appare ben integrato nell'ambiente comunale
romano[93] e possiamo supporre che la sua esperienza universitaria lo avrà
aiutato nelle sue mansioni. Una simile coincidenza di fattori caratterizza
anche il passaggio di Paolo (di Cola) di Giovanni di Paolo – che in gio-
ventù «in jure civile per tres annos studuit» – dalla carriera ecclesiastica a
quella comunale (app. nr. 47).[94]

Emblematica sotto questo punto di vista appare la carriera di Giovanni
Nelloli (app. nr. 39). Nel 1368 lo troviamo giovanissimo come beneficiario
di una lettera di provvista papale riguardante un canonicato a Santa Maria
Rotonda. In questa occasione è definito come sprovvisto di beneficio ma già
come studente in grammatica e logica con l'intenzione di studiare il diritto
canonico («nullum beneficium assecuto, in grammatica et logica scolari et
in jure canonico studere proponenti»). Come esecutori di questa aspettativa

---

91. ASV, *Reg. Av.* 181, f. 71v (1371 mar. 6) («[…] in iure civili scolaris est de nobi-
litate generis»).

92. Per il Muti, del resto un esiguo giurista, si rinvia a A. Rehberg, *Muti (de Mutis),
Giacomo*, in *DBI*, LXXVII, Roma 2012, pp. 586-588.

93. ASC, *Arch. Urbano*, sez. I, t. 649, vol. 14, notaio Paolo Serromani, f. 84v (1379
dic. 17) e in ASC, *Arch. Urbano*, sez. I, t. 785, vol. 9, not. N. Venettini, f. 69r (1394).

94. L'aspettativa di questo Paolo ad un canonicato a Santa Maria Maggiore (1370 ago.
20) è diretta al vescovo di Arezzo, Giacomo Muti: *Lettres communes. Urbain V*, nr. 26088.
Durante la sua carriera al Campidoglio divenne nel 1385 caporione di Parione, nel 1387
conservatore della *Camera Urbis*, nel 1390 *consiliarius* della Felice Società dei Balestrieri
e dei Pavesati: A. Esch, *Bonifaz IX. und der Kirchenstaat*, Tübingen 1969, p. 646.

sono previsti l'abate di S. Paolo fuori le mura, l'arciprete di Sant'Eustachio e il priore dell'arciconfraternita del Salvatore ad Sancta Sanctorum, cioè il canonico lateranense Lorenzo di Egidio Angeleri.[95] La lettera era quindi rivolta a ben due dei tre «executores privilegiorum immunitatum et libertatum studii Romani» che Bonifacio VIII aveva istituito nel 1303 (manca solo l'abate di San Lorenzo fuori le mura).[96] Il loro impiego per i fini del Nelloli appare come la miglior garanzia per uno studente di diritto nell'Urbe. Sono quindi assai convinto che possiamo annoverare il Nelloli fra i frequentori dell'università romana. Per quanto concerne la sua carriera laica, troviamo il Nelloli (che proveniva dal rione Pigna) nel 1386-1387 come uno degli anteposti alla pace e alla guerra. Dal 1393 al 1414 lo troviamo menzionato come scribasenatus, uno degli incarichi più prestigiosi del comune di Roma[97] (che proprio in quegli anni viveva un periodo molto negativo dovendosi piegare sotto il governo papale)![98] Senza dubbio la formazione come chierico e gli studi universitari intrapresi in quegli anni l'avranno aiutato nella sua carriera e nella sua ascesa ai vertici del governo cittadino.

Avviciniamoci così ad una analisi "numerica" del nostro piccolo campione di 66 nomi (il puro caso vuole che si dividono a metà fra la prima e seconda metà del secolo). Considerata la nota tripartizione della società romana tardomedievale in baroni, aristocratici urbani e popolari, constatiamo che 21 ex chierici provengono dal baronato, 31 dalla nobiltà municipale e 14 dagli strati popolari. Il fatto che il numero dei baroni è molto alto corri-

95. Lettres communes. Urbain V (1362-1370), nr. 22711 (1368 gen. 8).

96. Per il documento del 6 giugno 1301 in favore dell'abate di San Lorenzo fuori le mura, del priore dell'arciconfraternita del Salvatore ad Sancta Sanctorum e dell'arciprete di Sant'Eustachio si rinvia a G. Adorni, Riflessioni sul settimo centenario dell'Università di Roma, in "Panta rei". Studi dedicati a Manlio Bellomo, a cura di O. Condorelli, 5 voll., Roma 2004, I, pp. 1-32, qui pp. 4 ss. e Schwarz, Kurienuniversität, pp. 36 ss. Per il loro ruolo vedi anche Rehberg, Spigolature, p. 189 (con le note 82 e 84). Le funzioni dei conservatores vengono illustrate in G. May, Konservatoren, Konservatoren der Universitäten und Konservatoren der Universität Erfurt im hohen und späten Mittelalter, in «Zeitschrift der Savigny-Stiftung für Rechtsgeschichte, kanonistische Abteilung», 80 (1994), pp. 99-248.

97. Per questo importante ufficio si rinvia a A. Rehberg, Gli scribasenato e le riformanze perdute di Roma (fine XIII-XIV secolo), in Scritti per Isa. Raccolta di studi offerti a Isa Lori Sanfilippo, a cura di A. Mazzon, Roma 2008, pp. 795-823.

98. Per questi decenni cruciali della storia della Roma comunale si rinvia a Esch, Bonifaz IX. e Id., La fine del libero comune di Roma nel giudizio dei mercanti fiorentini. Lettere romane degli anni 1395-1398 nell'Archivio Datini, in «BISIME», 86 (1976-1977), pp. 235-277.

sponde ad un'abitudine aristocratica molto diffusa anche in altre parti della cristianità come l'Impero tedesco.[99] Notiamo dalla tabella 1 che il gruppo più dinamico per quanto concerne l'abbandono della carriera ecclesiastica era proprio quello dei popolari. Per i baroni e gli aristocratici urbani questo strumento era invece già una strategia consolidata. Fra i popolari invece si contrappongono due ex chierici nella prima metà a dodici ex chierici nella seconda metà del secolo, a chiara dimostrazione che questa possibilità (o dobbiamo dire *escamotage*) dopo il 1350 fu sfruttata di più proprio da quegli strati della popolazione romana che – per via dei noti cambiamenti socio-politici della Roma di quell'epoca[100] – spingevano massicciamente alla conquista delle posizioni chiave sia nel clero cittadino che negli apparati del comune di Roma.

Tabella 1. Distribuzione dei chierici laicizzati per ceti sociali (baroni, aristocratici urbani e popolari)

ceto	prima metà XIV sec.	seconda metà XIV sec.
baroni	10	11
aristocratici	16	15
popolari	2	12
totale	28	28

Nei nostri campioni di solito le cause della laicizzazione non vengono tramandate in forma esplicita (tabella 2). In nove casi possiamo dire qualcosa di più. Di solito è il matrimonio a chiudere una carriera ecclesiastica («per uxorationem»; solo una volta ho trovato l'espressione «per laicationem»: app. nr. 13). Ma nella Roma del XIV secolo c'era stato anche il problema dell'antipapa Niccolò V, che nel 1328 aveva trascinato non pochi chierici romani in aperta ribellione contro il papa residente ad Avignone. Dopo questa avventura sembra che non tutti i chierici compromessi riuscissero a farsi perdonare e riabilitare da Giovanni XXII. E alcuni passarono allo stato laicale e

---

99. Vedi A. Schulte, *Der Adel und die deutsche Kirche im Mittelalter. Studien zur Sozial-, Rechts- und Kirchengeschichte*, Stuttgart 1922 (rist. Amsterdam 1966), pp. 282-294 e K.-H. Spieß, *Familie und Verwandschaft im deutschen Hochadel des Spätmittelalters. 13. bis Anfang des 16. Jahrhunderts*, Stuttgart 1993, pp. 449-452. Per il Seicento italiano si rinvia a R. Ago, *Ecclesiastical Careers and the Destiny of Cadets*, in «Continuity and Change», 7/3 (1992), pp. 171-282.

100. Si rinvia alla bibliografia raccolta *supra* n. 67.

si sposarono.[101] Non abbiamo considerato i casi di laicizzazione forzata, che il diritto canonico prevede per gravi reati commessi dai chierici.

Tabella 2. Ragioni per la laicizzazione (i numeri si riferiscono all'appendice)

	baroni	aristocratici	popolari
«per uxorationem»	1, 2, 13, 58	13	4
compromesso per l'adesione all'antipapa	18	6, 9	

La maggior parte di questi ex chierici si sposò e si dedicò alla vita sociale tipica del proprio rango. Conosciamo alcune delle carriere che i nostri personaggi riuscirono a compiere nel campo laico (tabella 3). Contiamo fra i baroni sei senatori – fra cui il famoso incoronatore di Francesco Petrarca Orso dell'Anguillara (app. nr. 1). Un presunto barone, Lorenzo Colonna, era scribasenato (app. nr. 19). Fra gli aristocratici si trovano due *iudices palatini* (tra cui Matteo di Francesco Vaccari/Baccari, l'unico ex chierico che come tale è stato notato più volte dalla storiografia su Roma),[102] due podestà,[103] due *mercatores*/banchieri, un medico e sette altri esponenti dei vertici del comune (che include dopo i cambiamenti del sistema governativo nel 1360 in particolare il prestigioso incarico del *conservator Camere Urbis*) nonché un notaio. Di nuovo il quadro più interessante viene offerto dai popolari. Due ex chierici dai loro ranghi diventarono scribasenato, uno prima e l'altro dopo il 1350. Lo stesso vale per i due giuristi. Alla seconda metà del secolo appartengono invece due medici, due podestà, un *conservator Camere Urbis* nonché due no-

101. Per questo intermezzo poco studiato della storia ecclesiastica di Roma si veda K. Eubel, *Der Registerband des Gegenpapstes Nikolaus V.*, in «Archivalische Zeitschrift, N. F.», 4 (1893), pp. 123-212 nonché brevemente Rehberg, *Kirche*, pp. 269-273 (con ulteriore bibliografia).

102. Per il personaggio vedi Rehberg, *Kirche*, pp. 283, 284 n. 238 (con ulteriore bibliografia); A. Collins, *Greater than Emperor. Cola di Rienzo (ca. 1313-54) and the World of Fourteenth-Century Rome*, Ann Arbor 2002, pp. 182-187 e *ad indicem*; I. Lori Sanfilippo, *Un giurista romano e l'inventario dei suoi beni*, in Sit liber gratus, quem servulus est operatus. *Studi in onore di Alessandro Pratesi per il suo 90° compleanno*, a cura di P. Cherubini, G. Nicolaj, Città del Vaticano 2012, I, pp. 711-725; Internullo, *Ai margini*, pp. 169-172.

103. Per questo importante ufficio, che richiedeva nozioni giuridiche si rinvia a *I podestà dell'Italia comunale*, parte I: *Reclutamento e circolazione degli ufficiali forestieri (fine XII sec.-metà XIV sec.)*, a cura di J.-C. Maire Vigueur, Roma 2000.

tai. Anche per i secoli successivi fra i notai si potranno annoverare più chierici sposati.[104]

Tabella 3. Carriere da laico (i numeri si riferiscono all'appendice)

ceto	funzione	prima metà XIV sec.	seconda metà XIV sec.
baroni	senatore	1, 2, 6, 44	12, 26
	scribasenato		19
aristocr.	comune	34	33, 41, 48, 50, 56, 66
	giurista	36	62
	podestà	48	51
	mercator	31	42
	medico		64
	notaio		7
popolari	comune		47, 66
	giurista	46	10
	podestà		37
	scribasenato	32	39
	medico		54, 55, 64
	orafo		15
	notaio		28, 39

104. Anche altrove la parte dei notai chierici era importante: vedi per esempio Bader, *Klerikernotare*, pp. 377-380. Per Roma mancano ancora liste sistematiche dei notai laicizzati. Per il notariato romano in generale si rinvia a A. Esposito, *Roma e i suoi notai: le diverse realtà di una città capitale (fine sec. XIV-inizio sec. XVI)*, in *Il notaio e la città. Essere notaio: i tempi e i luoghi (secc. XII-XV)*, Atti del Convegno di studi storici (Genova, 9-10 novembre 2007), a cura di V. Piergiovanni, Milano 2009, pp. 93-111; O. Verdi, *"Hic est liber sive prothocollum". I protocolli del Collegio dei Trenta Notai Capitolini*, in «Roma moderna e contemporanea», 13 (2005), pp. 427-473; L. Nussdorfer, *Brokers of Public Trust. Notaries in Early Modern Rome*, Baltimore 2009; M.L. Lombardo, *Il notaio romano tra sovranità pontificia e autonomia comunale (secoli XIV-XVI)*, Milano 2012.

Mi avvio ad un ultimo quesito della mia ministatistica. Quanto alta in essa era la parte dei capitoli principali, cioè di San Pietro, San Giovanni e di Santa Maria Maggiore? Le cifre modeste di un totale di 18 (tabella 4) – che fanno nemmeno un terzo del quadro d'insieme – dimostrano che chi arrivò a diventare canonico in questi enti esclusivi, non abbandonò facilmente questa posizione. Solo quattro ex canonici provenivano dai ranghi dei popolari, che poi coincidono con più della metà di quei canonici (7), che erano stati solo canonici pro forma, non ancora in possesso di una prebenda.[105] Questo ultimo dato dimostra la preponderanza dei baroni e dei nobili in quegli alti ambienti, che cominciò a vacillare solo verso la fine del Trecento.[106]

Tabella 4. Ruolo degli ex canonici delle grandi basiliche romane
(i numeri si riferiscono all'appendice)

	baroni	aristocratici	popolari
San Pietro	26*		
San Giovanni in Laterano	2*, 16, 18*, 37, 40* 42*, 57*, 61, 70*		54, 55
Santa Maria Maggiore	43*, 58*	6*, 9*	10, 47
Totale (in cifre)	12 (tra cui 9 beneficiati)	2	4

* Il canonicato fu anche posseduto.

In conclusione vorrei ribadire l'importanza dei due approcci metodologici esemplificati per l'argomento trattato: cioè 1) lo sforzo di elaborare categorie di classificazione sociale per la migliore comprensione dei meccanismi della mobilità nell'ambiente dei canonici delle maggiori basiliche romane, 2) il tentativo di quantificare l'importanza di quei chierici – fra i quali i canonici delle basiliche ebbero una parte non indifferente – che abbandonarono la carriera ecclesiastica per sposarsi e per aprirsi nuove vie professionali nel settore laico-comunale. Per tutti e due questi quesiti possiamo constatare un massiccio impatto culturale ed economico. Abbiamo

105. Questi ex canonici non riuscirono mai ad entrare veramente in possesso di un beneficio o per le resistenze dei loro concanonici o perché gli scadette la lettera di provvista papale con la morte del papa emittente prima di riuscire a occupare un posto resosi vacante.
106. Rehberg, *Die Kanoniker*, pp. 172-177. Per il Quattrocento vedi Rehberg, *Luci ed ombre, passim*.

visto anche il forte intreccio fra la sfera ecclesiastica e la sfera laica, dove i confini a volte tendevano a sfumarsi. La seconda analisi ha evidenziato inoltre la funzione sinergetica della sfera ecclesiastica per chi – e non erano pochi chi fecero questo passo – ritornò dal mondo ecclesiastico a quello laico. Svelare la piena rilevanza di questo fenomeno, qui solo abbozzato, sarà il compito di ulteriori indagini volte a incrementare i campioni raccolti nell'appendice.

Appendice

Chierici romani laicizzati nel Trecento

L'appendice è strutturata in questo modo. Dopo il numero seguono il nome, l'eventuale appartenenza ad uno dei tre grandi capitoli presso le basiliche del Laterano (L), di San Pietro (P) e di Santa Maria Maggiore (M) (l'asterisco indica il provato possesso del beneficio legato ad un canonicato, che non era sempre scontato),[107] l'indicazione della causa per il ritorno allo stato laicale (se nota da una fonte diretta), il ceto, la carriera da laico (se nota) e la distinzione se il cambio di *status* si riferisce piuttosto alla prima o alla seconda metà del XIV secolo. Le indicazioni bibliografiche si limitano ai riferimenti basilari in fonti inedite o studi (che possono offrire poi le indicazioni più precise).

nr.	nome	ceto	carriera da laico	1ª/2ª metà XIV sec.
1	Anguillara, Orso di Francesco «per uxorationem»	B	senatore	1ª metà
2	Annibaldi, Pietro di Riccardo (L*). «per uxorationem»	B	laicizzato	1ª metà
3	Antiochia, Giovanni (di Corrado)	B	laicizzato	2ª metà
4	Baratta, Angelo/Lello (di Giovanni) «per uxorationem»	pop.	laicizzato	2ª metà
5	Boboni, Enrico di Niccolò	arist.	laicizzato	1ª metà
6	Boboni, Pietro di Enrico (M*) card. dell'antipapa	arist.	laicizzato	1ª metà
7	Boccamazza, Giubileo di Andrea	arist.	notaio	2ª metà
8	Bonaventura, Pietro di Romano «per uxorationem»	B	laicizzato	2ª metà
9	Branca, Paolo di Oddone (M*) compromesso per via dell'antipapa	arist.	laicizzato	1ª metà
10	Calvi, Niccolò di Francesco (M 97)	pop.	*legum doctor*	2ª metà
11	Capocci, Giovanni (*Processi*) (L*) «per uxorationem»	B	laicizzato	2ª metà
12	Capocci, Pietro di Giovanni	B	senatore	2ª metà
13	Catellini, Giovanni «per laicationem»	arist.	laicizzato	1ª metà
14	Cenci, Paolo *Nucii* di Tebaldo	arist.	laicizzato	2ª metà

107. Vedi per questa distinzione Rehberg, *Die Kanoniker*, pp. 6, 210.

15	*Cinthii*, Stefanello di Lello di Giovanni	pop.	orafo	2ª metà
16	Colonna, Bartolomeo di Fuzio di Bartolomeo (L)	B	laicizzato	2ª metà
17	Colonna, Giacomo di Stefano, *dictus Jugurta*	B	laicizzato	2ª metà
18	Colonna, Giovanni di Sciarra (L*) compromesso per via dell'antipapa	B	laicizzato	1ª metà
19	Colonna, Lorenzo (ramo di Belvedere)	B	scribasenato?	2ª metà
20	Colonna, Niccolò di Giacomo di Giovanni (ramo di Gallicano)	B	laicizzato	2ª metà
21	Colonna, Niccolò di Stefan(ell)o (ramo di Palestrina)	B	laicizzato	2ª metà
22	Colonna, Pietro di Agapito (L)	B	senatore	1ª metà
23	Colonna, Pietro di Giovanni (ramo di Gallicano)	B	laicizzato?	1ª metà
24	Colonna, Stefanello di Stefano (ramo di Palestrina) (L*)	B	laicizzato	1ª metà
25	Conti, Giovanni di Niccolò	B	laicizzato	1ª metà
26	Conti, Paolo di Giovanni (P*)	B	senatore	1ª metà
27	Filippi, Pietro (*Lucii nati quondam Nicolai Philippi*)	pop.	laicizzato	2ª metà
28	Filippini, Bernardo di Santo	pop.	notaio	2ª metà
29	Foschi de Berta, Biagio di Gregorio	arist.	laicizzato	1ª metà
30	Foschi de Berta, Cecco/Francesco di Paolo	arist.	laicizzato	1ª metà
31	Galgani, Paolo	arist.	*mercator*	1ª metà
32	Gregori, Tommaso di Giovanni detto *Fortefiocca*	pop.	scribasenato	1ª metà
33	Ilperini, Andreuccio (di Giovanni di Matteo)	arist.	comune	2ª metà
34	Ilperini, Giovanni di Matteo	arist.	comune	1ª metà
35	*Laurentii*, Antonio *Tucii*	pop.	laicizzato (*cl. coniug.*)	2ª metà
36	Mardoni, Giacomo (L*)	arist.	*iudex palatin.*?	1ª metà
37	Meta, Giovanni di Pietro	pop.	podestà	2ª metà
38	Muti, Giovanni (di Romanello)	pop.	laicizzato	2ª metà
39	Nelloli, Giovanni	pop.	scribasenato	2ª metà
40	Normanni, *Jacobellus* (*Tuccii Manni*)	arist.	laicizzato	2ª metà
41	Normanni, Pietro di Niccolò	arist.	comune?	2ª metà
42	Normanni, Stefano di Andrea (L*)	arist.	*mercator*	2ª metà
43	Omodei, Francesco di Niccolò (M*)	arist.	laicizzato	1ª metà
44	Orsini, Giordano di Poncello (ramo di Monte)	B	senatore	1ª metà
45	Orsini, Orso di Napoleone (ramo di Tagliacozzo?)	B	laicizzato	2ª metà

46	Pa[u]lini [de Albericis], Stefano	pop.	iudex palatin.?	1ª metà
47	Paolo (di Cola) di Giovanni di Paolo (M)	pop.	comune	2ª metà
48	Paparoni, Stefano di Paolo	arist.	conservatore?	2ª metà
49	Patrizi dell'Isola, Giovanni di Guido	arist.	laicizzato	2ª metà
50	Piscioni, Giacomo (Buccius) Tuccii	arist.	comune	2ª metà
51	Piscioni, Giordano	arist.	podestà	2ª metà
52	Processi, Niccolò	pop.	laicizzato	2ª metà
53	Roncioni, Giacobello di Stefanello di Giovanni	arist.	laicizzato (cl. coniug.)	2ª metà
54	Sancta Maria Rotunda, Giacomo di Giovanni (L)	pop.	medico	2ª metà
55	Sancta Maria Rotunda, Paolo di Giacomo (L)	pop.	medico	2ª metà
56	Sanguini, Giacomo Branchalencii	arist.	comune	2ª metà
57	Sant'Eustachio, Oddo di Tebaldo (L*)	B	laicizzato	2ª metà
58	Savelli, Francesco (M*) «per uxorationem»	B	laicizzato	1ª metà
59	Sordi, Gregorio di Angelo di Oddo	arist.	laicizzato	1ª metà
60	Tedallini, Niccolò Lelli Pandulphi	arist.	laicizzato	1ª metà
61	Tignosi, Onofrio di Mattia (L)	arist.	laicizzato	1ª metà
62	Vaccari (Baccari), Matteo di Francesco	arist.	giurista	1ª metà
63	Vallati, Alessio (di Paolo di Giacomo)	arist.	laicizzato	2ª metà
64	Vallati, Lorenzo (di Paolo di Giacomo)	arist.	medico	2ª metà
65	Vallati, Paolo di Giacomo	arist.	laicizzato	1ª metà
66	Veneranieri, Mattia di Antonio	arist.	comune	2ª metà

Note

[1] Fonte: L. Gatti, Anguillara, Orso, in DBI, III, Roma 1961, pp. 312 ss.; Rehberg, Kirche, pp. 210, 262 n. 115.
[2] Fonte: Rehberg, Die Kanoniker, nr. L *13.
[3] Fonte: Rehberg, Die Kanoniker, pp. 318-319.
[4] Fonte: Rehberg, Die Kanoniker, pp. 290, 396; Rehberg, Familien (1999), p. 151.
[5] Fonte: Rehberg, Familien (1998), p. 55.
[5] Fonte: Rehberg, Die Kanoniker, nr. M *29.
[7] Fonte: Rehberg, Die Kanoniker, p. 431.
[8] Fonte: Rehberg, Kirche, pp. 274 nn. 181, 372, 424.
[9] Fonte: Rehberg, Die Kanoniker, nr. M *33.
[10] Fonte: Rehberg, Die Kanoniker, nr. M 97.
[11] Fonte: Rehberg, Die Kanoniker, nr. L *18.
[12] Fonte: Carocci, Baroni, pp. 336 n., 341; Rehberg, Familien (1998), p. 28.
[13] Fonte: Lettres communes. Jean XXII (1316-1334), a cura di G. Mollat, Paris 1904-1947, nr. 51093 (1330 ott. 1); A. Rehberg, La portio canonica, le Clarisse, il legato papale, il vicario di Roma e un arbitro: spigolature intorno ad un documento inedito, in «Quellen und Forschungen aus ita-

lienischen Archiven und Bibliotheken», 85 (2005) pp. 467-489, a p. 470 (qui Giovanni Catellini risulta morto con un figlio di nome Ludovico).

[14] Fonte: Rehberg, *Familien* (1998), p. 68.

[15] Fonte: Lori Sanfilippo, *La Roma*, p. 216 nota 32; Rehberg, *Roma 1360*, p. 261 n. 114.

[16] Fonte: Rehberg, *Die Kanoniker*, nr. L 26.

[17] Fonte: Rehberg, *Kirche*, nr. C 13.

[18] Fonte: Rehberg, *Die Kanoniker*, nr. L *30.

[19] Fonte: Rehberg, *Kirche*, nr. C 25.

[20] Fonte: Rehberg, *Kirche*, nr. C 34.

[21] Fonte: Rehberg, *Kirche*, nr. C 35.

[22] Fonte: Rehberg, *Die Kanoniker*, nr. L 37.

[23] Fonte: Rehberg, *Kirche*, nr. C 35.

[24] Fonte: Rehberg, *Die Kanoniker*, nr. L *40.

[25] Fonte: Rehberg, *Kirche*, pp. 119, 545.

[26] Fonte: Montel, *Les chanoines* (1988), pp. 403 ss.; (1989), p. 434; Carocci, *Baroni di Roma*, p. 169; Internullo, *Ai margini*, pp. 144 ss. e *ad indicem.*

[27] Fonte: Rehberg, *Familien* (1999), p. 174.

[28] Fonte: Rehberg, *Familien* (1999), p. 175; I. Lori Sanfilippo, *Il protocollo notarile di Lorenzo Staglia (1372)*, Roma 1986, *ad indicem sub voce "Bernardus Sancti de Philippinis".*

[29] Fonte: Rehberg, *Die Kanoniker*, pp. 258, 269; Rehberg, *Familien* (1998), pp. 76 ss.

[30] Fonte: Rehberg, *Familien* (1998), p. 78.

[31] Fonte: Rehberg, *Die Kanoniker*, pp. 199, 261, 330, 363, 378.

[32] Fonte: Rehberg, *Kirche*, pp. 260 n. 100, 279, 282, 537; Rehberg, *Die Kanoniker*, pp. 281, 364 ss.; Rehberg, *Gli scribasenato*, p. 806.

[33] Fonte: Rehberg, *Roma 1360*, p. 260 n. 104.

[34] Fonte: Rehberg, *Kirche*, pp. 256, 374, 380, 537; Rehberg, *Die Kanoniker*, p. 263.

[35] Fonte: *Lettres communes. Urbain V*, nr. 24342 (1369 lug. 7). Vedi *supra* n. 72.

[36] Fonte: Rehberg, *Die Kanoniker*, nr. L *70.

[37] Fonte: Rehberg, *Familien* (1999), p. 176.

[38] Fonte: Rehberg, *Die Kanoniker*, p. 411.

[39] Fonte: Vedi *supra* n. 95. Esch, *Bonifaz IX.*, p. 624; Rehberg, *Gli scribasenato*, p. 813.

[40] Fonte: Rehberg, *Familien* (1998), p. 41.

[41] Fonte: Rehberg, *Kirche*, nr. G 84; Rehberg, *Familien* (1998), p. 39.

[42] Fonte: Rehberg, *Die Kanoniker*, nr. L *49.

[43] Fonte: Rehberg, *Die Kanoniker*, nr. M *48.

[44] Fonte: Rehberg, *Kirche*, pp. 243 n. 26, 272 n. 173, 287 n. 256, 366 n. 10, 370, 381 n. 97, 448.

[45] Fonte: Rehberg, *Die Kanoniker*, pp. 268, 271.

[46] Fonte: Rehberg, *Kirche*, p. 274. Per la sua carriera laica: ASR, *Arciconfraternita della SS.ma Annunziata*, t. 1, perg. 16 (1349 mag. 13, *causidicus rector iudicum*); Subiaco, Biblioteca del Monastero di Santa Scolastica, *Archivio Colonna, perg. LXII, 22 (1362 sett. 23: iudex palatinus).*

[47] Fonte: Rehberg, *Die Kanoniker*, nr. M 123 (la sua rinuncia a proseguire la carriera ecclesiastica fu probabilmente motivata dal fatto che la sua aspettativa al canonicato di Santa Maria Maggiore era scaduta in seguito al cambio del pontefice alla fine dell'anno 1370). Vedi *supra* n. 94.

[48] Fonte: Rehberg, *Kirche*, pp. 261, 369 n. 19, 378; Rehberg, *Die Kanoniker*, pp. 370 ss.; per il suo probabile incarico da conservatore *Camere Urbis* si rinvia a Id., *I papi, l'ospedale e l'ordine di S. Spirito nell'età avignonese*, in «Archivio della Società Romana di Storia Patria», 124 (2001), pp. 35-140, qui p. 84.

[49] Fonte: Rehberg, *Die Kanoniker*, p. 270.

[50] Fonte: Rehberg, *Die Kanoniker*, pp. 375-376.

[51] Fonte: Rehberg, *Die Kanoniker*, p. 375.

[52] Fonte: Lori Sanfilippo, *La Roma*, p. 443 nota 56 (per suo figlio notaio); Rehberg, *Roma 1360*, p. 259 n. 100.
[53] Fonte: Vedi *supra* nn. 73-75. ASV, *Reg. Aven.* 187, f. 517r (1372 ott. 1).
[54] Fonte: Rehberg, *Die Kanoniker*, nr. L 134.
[55] Fonte: Rehberg, *Die Kanoniker*, nr. L 135.
[56] Fonte: Vedi *supra* nn. 91, 93.
[57] Fonte: Rehberg, *Die Kanoniker*, nr. L *52.
[58] Fonte: Rehberg, *Die Kanoniker*, nr. M *21.
[59] Fonte: Rehberg, *Kirche*, pp. 277, 380, 443 ss.; Rehberg, *Familien* (1999), p. 117.
[60] Fonte: Rehberg, *Familien* (1999), p. 124 ss.
[61] Fonte: Rehberg, *Die Kanoniker*, nr. L 92.
[62] Fonte: Vedi sopra n. 102.
[63] Fonte: Rehberg, *Die Kanoniker*, p. 385.
[64] Fonte: Rehberg, *Die Kanoniker*, p. 385.
[65] Fonte: Rehberg, *Die Kanoniker*, pp. 315, 385.
[66] Fonte: Rehberg, *Familien* (1999), p. 146.

Per via di una svista, nel testo e nell'Appendice non sono stati considerati i seguenti due casi di chierici relaicizzati (ma come detto, il censimento non è da intendersi già concluso):

| 67 | Annibaldi, Leo del fu Niccolò di Teobaldo (L*) «per uxorationem», B, laicizzato, 1ª metà |
| 68 | Annibaldi, Niccolò di Riccardo (L*) «per uxorationem», B, senatore, 1ª metà |

[67] Fonte: Rehberg, *Die Kanoniker*, nr. L *9.
[68] Fonte: A. Salimei, *Senatori e statuti di Roma nel Medioevo. I senatori, cronologia e bibliografia dal 1144 al 1447*, Roma 1935 (Biblioteca storica di fonti e documenti, 2), p. 125 (senatore nel 1357); Rehberg, *Die Kanoniker*, nr. L *10.

DARIO INTERNULLO

Istruzione, mondo ecclesiastico e mobilità sociale. Osservazioni sul baronato romano (secoli XIII-XIV)

1. *Premessa*

Era il 1288 quando il grande Egidio Romano, allora professore nella facoltà di Arti dell'università di Parigi, decise di donare a uno dei suoi allievi un manoscritto con il proprio commento al *De anima* di Aristotele, apponendovi una dedica che in un dettato assai retorico esaltava a più riprese la nobiltà e le qualità intellettuali di costui. Qui di seguito le sue parole:

> Ex Romanorum spectabili ac illustri prosapia oriundo, sibi quam plurimum dilecto, domino Iacobo Iohannis Gayetani, Rotomagensi canonico, frater Egidius Romanus, ordinis fratrum eremitarum Sancti Augustini, seipsum ac promptam ad sua beneplacita voluntatem. Dum intra me tacitus cogitarem quid vestre generositati, erga quam tanta dilectione afficior, muneris offerre valerem, circumspecto nostro ingenio et considerata vestra industria naturali, decrevi nil per me posse vobis transmitti decentius, nil destinari utilius, quam expositionem libri *De anima*, cuius cognitio ad omnem veritatem videtur intellectus vester, super communem modum hominum esse dispositus, quanto Deus altissimus pre multis aliis personam vestram nobilioribus natalibus perornavit. Suscipite ergo, dilecte carissime, destinatum donum animo letabundo, quod tanto magis ratione doni participat, et tanto magis se esse placitum probat, necnon et tanto maiorem meam charitatem et sollicitudinem erga vestram nobilitatem arguit et ostendit, quanto postulationem preveniens oblatum esse dignoscitur, potius quam petitum.[1]

---

1. M. Dykmans, *Jacques Stefaneschi, élève de Gilles de Rome et cardinal de Saint-Georges (vers. 1261-1341)*, in «Rivista di Storia della Chiesa in Italia», 29 (1975), pp. 536-554, in particolare pp. 545-547 (con risposta di Giacomo).

Questo allievo non ci è sconosciuto: si trattava infatti di Giacomo Stefaneschi, esponente della nobiltà romana che di lì a poco avrebbe fatto
ingresso nel Sacro Collegio, e che con la sua sterminata produzione scritta
avrebbe alimentato non di poco il panorama culturale di Roma.
    Circa quarant'anni dopo, intorno al 1325, nella prestigiosa Bologna
il rinomato giurista Giacomo da Belviso utilizzò parole simili per ringraziare, nel proemio alla *Lectura Authenticorum*, due suoi studenti che lo
avevano aiutato a raccogliere in forma ordinata gli appunti da lui già letti
più volte nello *Studium*. Anche in questo caso gli studenti erano esponenti
della più pura nobiltà romana: si trattava di Giacomo e di Agapito, «figli del magnifico e potente Stefano Colonna, proconsole dei Romani» e
di Nicola di Fiorenzo Capocci. Di Giacomo e di Nicola in particolare il
giurista sottolineò «lo stile di vita raccomandabile (*vita commendabilis*),
l'onorevolezza dei costumi (*morum honestas*), l'ampiezza delle conoscenze (*scientie magnitudo*), la nobiltà del lignaggio (*nobilitas prosapie*) e le
virtù (*virtutes*)». Giacomo diverrà vescovo, Nicola cardinale.[2]
    È forse superfluo mostrarne altri, ma mi sembra utile esordire que-
sto contributo esplicitando che di elogi universitari a studenti romani, qui
limitati a due soli esempi, ce ne sono diversi, soprattutto per il Trecento,
che utilizzano tutti una terminologia simile e che hanno tutti a che fare con
quella che oggi siamo abituati a chiamare nobiltà baronale.[3] Se comincia-

---

2. D. Maffei, *Giuristi medievali e falsificazioni editoriali del primo Cinquecento*,
Frankfurt a. M., 1979, pp. 84-85. Sui due si veda D. Internullo, *Ai margini dei giganti.
La vita intellettuale dei romani nel Trecento (1305-1367 ca.)*, Roma 2016, pp. 127-128 e
132-135.

3. Altre dediche trecentesche: 1) Giovanni di Jandun, commento alla *Rhetorica* di
Aristotele, dedicato ad Annibaldo da Ceccano (anch'egli nipote, per linea materna, del cardinale Giacomo), 1317 = M. Dykmans, *Le cardinal Annibal de Ceccano (vers. 1282-1350).
Étude biographique et testament du 17 juin 1348*, in «Bulletin de l'institut historique belge
de Rome», 43 (1973), pp. 145-341, in particolare p. 162; 2) Giovanni di Jandun, commento
al terzo libro del *De anima*, dedicato a Stefano di Stefano Stefaneschi (nipote del cardinale Giacomo), 1321 = ivi, pp. 162-164. Si aggiunga anche il discorso pronunciato da uno
studente austriaco a Bologna, in occasione del proprio *doctoratus*, per esaltare Agapito di
Sciarra Colonna, 1359 = M. Dykmans, *Colonna, Agapito*, in *Dizionario biografico degli
italiani* (d'ora in poi *DBI*), XXVII, Roma 1982, pp. 256-260. Per il Duecento, risulta che
Tommaso d'Aquino dedicò nel 1265 parte della sua *Catena aurea* ad Annibaldo Annibaldi, che era stato suo allievo = A.L. Redigonda, *Annibaldi, Annibaldo*, in *DBI*, III, Roma
1961, pp. 342-344 e M. Dykmans, *D'Innocent à Boniface VIII. Histoire des Conti et des
Annibaldi*, in «Bulletin de l'Institut historique Belge de Rome», 45 (1975), pp. 19-212, in
particolare p. 34.

mo a riflettere su di essi in maniera più articolata e da un punto di vista allo stesso tempo culturale e sociale, essi divengono una testimonianza preziosa di due dati di fatto: da una parte esplicitano che nella percezione dei professori l'identità dei giovani baroni era costituita dalla compresenza di origini illustri e qualità intellettuali notevoli. Dall'altra, invece, mostrano rapporti solidi tra tali studenti, le loro famiglie e le più prestigiose università d'Europa, Bologna e Parigi. Anche questo elemento è nel Trecento parte integrante dell'identità del gruppo e in particolare della sua *pars ecclesiastica*: quando infatti allarghiamo l'ottica a tutte le élite colte di Roma, ci accorgiamo che gli altri ceti cittadini frequentano in questo periodo molto di più l'università locale, lo *Studium Urbis*.[4]

Ora, questi elementi, presi di per sé, hanno una certa utilità per capire la realtà sociale e culturale di Roma nel Trecento, tuttavia non credo possano esser compresi a pieno, se non li si legge, in prospettiva diacronica, come esiti di determinati processi. È quanto cercherò di fare in questa sede, riflettendo su alcune questioni che uno studio sulla vita culturale della città di Roma e i precedenti incontri sulla mobilità sociale mi hanno portato a formulare. Ragionerò, così, sul ruolo che l'istruzione ha avuto come canale di mobilità sociale in questo caso di studio specifico, dunque sul significato che essa ha assunto nel processo di definizione del gruppo dei baroni.[5] Per farlo, mi soffermerò prima sul *quando*, poi sul *come* e infine sul *perché* il gruppo in questione cercò di stabilire rapporti durevoli con il mondo delle università. Dividerò il mio contributo in tre parti, seguite da una conclusione. Nella prima parte (par. 1) cercherò di portare alla luce, sia pure rapidamente, i primordi del rapporto tra i romani e le università nel periodo antecedente al Duecento. Nella seconda (parr. 2 e 3) illustrerò invece, qui nel dettaglio, i dati relativi a quattro famiglie, sia soffermandomi sulle strategie e sugli investimenti compiuti da esse per stringere rapporti con le università di Parigi e Bologna, sia cercando di osservare tali rapporti in relazione alla ridefinizione di tali famiglie nello spazio sociale romano. Nella terza (par. 4) cercherò infine di capire meglio le ragioni di queste loro

---

4. Internullo, *Ai margini dei giganti*, cap. 2.
5. Sul tema dell'istruzione come canale di mobilità sociale è essenziale il contributo di É. Anheim, F. Menant, *Mobilité sociale et instruction. Clercs et laïcs du milieu du XIII*[e] *au milieu du XIV*[e] *siècle*, in *La mobilità sociale nel Medioevo*, a cura di S. Carocci, Roma 2010, pp. 341-379. Ora vedi anche *La mobilità sociale nel Medioevo italiano. Competenze, conoscenze e saperi tra professioni e ruoli sociali (secc. XII-XV)*, a cura di L. Tanzini, S. Tognetti, Roma 2016.

scelte, prestando attenzione ai vantaggi che un capitale scolastico d'alto livello poteva comportare all'intera famiglia dell'interessato. La nota conclusiva si soffermerà sul ruolo della cultura come canale di mobilità sociale nella storia dei baroni e, più in generale, in quella delle élite romane del tardo Medioevo.

2. *«Kurie und Universität»: un rapporto di vecchia data*

Quand'è che i romani hanno cominciato a instaurare rapporti durevoli con le università? A tale questione si può in realtà rispondere senza troppe difficoltà, e questo grazie ai risultati di una ricerca condotta anni or sono da Peter Classen. Riflettendo sui rapporti tra le istituzioni scolastiche parigine e gli alti prelati della Curia, Classen ha infatti chiarito un punto molto importante, e cioè che tali rapporti sono evidenti fin dal XII secolo e hanno addirittura una tradizione più longeva, che si intreccia fittamente con la storia del monachesimo cluniacense e cistercense. Se già alla fine dell'XI secolo e nella prima metà del XII secolo furono molti i romani che videro in una permanenza nelle abbazie di Francia un prerequisito importante per una carriera nella Curia, quando poi dopo la metà del secolo sorse e si sviluppò l'università di Parigi è possibile praticamente fin da subito osservare un legame tra di essa e alcune famiglie romane: le meglio conosciute sono i Pierleoni e i Boboni, ma grazie a una fonte straordinaria come le epistole dell'abbazia di San Vittore (alle porte di Parigi) apprendiamo che in realtà c'erano anche altri cittadini dell'Urbe, tra i quali *consules Romanorum* e senatori del neonato comune, che raccomandavano a grandi personalità francesi (abati, badesse, vescovi e re), con cui avevano intrecciato rapporti, i propri giovani parenti o protetti inviati a Parigi per motivi di studio. Tali parenti sono poi rintracciabili negli anni a seguire fra i cardinali o addirittura come papi, e a loro volta cercheranno di favorire l'ingresso di ulteriori familiari nelle scuole di Francia, garantendo loro tutti i sostentamenti necessari tra alloggio, vesti e retribuzioni mensili.[6]

---

6. P. Classen, *Rom und Paris: Kurie und Universität im 12. und 13. Jahrhundert*, in Id., *Studium und Gesellschaft im Mittelalter*, Stuttgart 1983, pp. 127-169. Molte lettere di S. Vittore sono edite in F. Duchesne, *Historiae Francorum Scriptores*, IV, Paris, 1641; vedi anche A. Luchaire, *Études sur quelques manuscrits de Rome et de Paris*, Paris 1899, pp. 57-79 e *passim*.

Questo significa che il nesso tra Roma, la Curia pontificia e le università, in questo caso Parigi, si è consolidato nel momento in cui la Curia si stava sviluppando in direzione monarchica e articolando in maniera sempre più complessa. Per far ciò, tale istituzione aveva bisogno di un personale particolarmente preparato, in grado di assolvere a una serie diversificata di compiti fra i quali certamente la diffusione di una precisa ideologia del potere pontificio. E se questo era valido per i curiali in generale, lo era in misura massima per i cardinali, che proprio fra il XII e il XIII secolo stavano acquisendo mansioni sempre più importanti e spazi di autonomia sempre più ampi.[7] Una testimonianza di ciò è data dall'indagine che il pontefice Alessandro III (1159-1181) commissionò a un cardinale suo legato in Francia per individuare personalità adatte a ricoprire il cardinalato. Tale indagine, lo si desume da una lettera inviata dal legato al pontefice, avrebbe dovuto poggiare su tre criteri di base: oltre all'*honestas* e alla *religio*, anche la *litteratura*.[8] In altre parole, nel XII secolo il capitale scolastico o più latamente culturale stava acquisendo un'importanza particolare nella selezione del personale curiale, e questo spiega molto bene da una parte il legame evidente tra la Curia e le prime università, dall'altra quello tra le università e le élite di diverse città, specialmente di Roma e del Lazio.

È su questo sfondo di pratiche che si può inserire la costruzione di un ponte tra le famiglie romane del (futuro) baronato e le istituzioni universitarie. In effetti, la storia di alcune delle nostre famiglie si lascia ricondurre in maniera diretta ed esplicita a questo quadro: il rapporto tra gli Orsini e Parigi nel Duecento ha a che fare con il loro avo Giacinto Boboni (poi Celestino III), uno dei migliori allievi di Abelardo e peraltro responsabile di aver favorito l'ingresso di altri suoi consanguinei prima nell'università e poi in Curia.[9] Similmente, il fatto che nel primo Trecento il vescovo Gio-

---

7. Si veda S. Carocci, *Il nepotismo nel medioevo. Papi, cardinali e famiglie nobili*, Roma 1999, pp. 63-66, che riassume la bibliografia precedente, e V. De Fraja, *L'insegnamento della teologia a Roma prima della fondazione dello* Studium Romanae Curiae *(fine XII sec.-1244). Primi spunti di ricerca*, in *Le scritture della storia. Pagine offerte dalla scuola nazionale di studi medievali a Massimo Miglio*, a cura di F. Delle Donne, G. Pesiri, Roma 2012, pp. 181-214, in particolare pp. 189-193.

8. Classen, *Rom und Paris*, pp. 144-148, soprattutto a proposito di Duchesne, *Historiae Francorum Scriptores*, IV, nr. 3, pp. 560-561. Su Alessandro III e questi criteri di scelta si veda M. Rainini, *Mutamenti del modello teologico e riflessi istituzionali: tra il concilio di Soissons del 1121 e il Lateranense IV*, in «Divus Thomas», 108/1 (2005), pp. 108-129.

9. Classen, *Rom und Paris*, p. 141. Bisogna però notare che una delle lettere discusse da Classen a proposito dei Boboni (Duchesne, *Historiae Francorum Scriptores*, IV, nr. 555,

vanni Conti abbia studiato a Parigi si lega al percorso del suo avo Lotario (poi Innocenzo III). Sull'università di Bologna siamo meno informati, ma anche in questo caso possiamo affermare senza timore che i Colonna, di cui parlerò, non furono i primi ad averla frequentata. Non solo sappiamo che Innocenzo III frequentò questa università, ma abbiamo anche una lettera di Onorio III che risulta indirizzata, nel 1217, «a tutti gli scolari di Roma, di Campagna e di Tuscia che risiedono a Bologna», scolari che si erano riuniti in una *societas* e che probabilmente formavano già una delle prime sub-*nationes* studentesche, parte dell'insieme dei *Citramontani*.[10]

Non si tratta di un fenomeno limitato a queste sole famiglie: uno spoglio dei dati prosopografici disponibili sugli ecclesiastici del baronato mi ha permesso infatti di rilevare che i rapporti con queste due università risultano fra Due e Trecento generalizzati all'80% del gruppo, e che le eccezioni riguardano essenzialmente le famiglie che non ebbero rapporti stretti con la Curia, come gli Anguillara e i Normanni. Anche se le fonti sono molto frammentarie e illuminano soltanto piccoli squarci di queste vicende, si può affermare con sicurezza che a Parigi e Bologna vi furono Annibaldi, Caetani, Capocci, Colonna, Conti, Malabranca, Orsini, Sant'Eustachio, Savelli e Stefaneschi, e che fra questi giovani studenti si contano quasi esclusivamente futuri ecclesiastici.[11] Il rapporto tra gli studi di alto

p. 757) è inviata non a Giacinto Boboni, bensì a un altro cardinale, *Jacobus*. Questo non cambia più di tanto le cose perché il diretto interessato della lettera si chiama *Bobo* ed è ben identificabile con almeno uno dei tre Boboni che poi saranno cardinali. Si veda poi il caso della raccomandazione da parte dei Pierleoni e dei senatori del primo comune romano a un loro consanguineo, *Iohannes Felicis*, in Classen, *Rom und Paris* e in *Codice diplomatico del Senato romano*, a cura di F. Bartoloni, Roma 1948, nr. 21, p. 29. Ciò che emerge dalle lettere di San Vittore è che nel XII secolo a frequentare le scuole parigine fossero soprattutto membri di quella che Chris Wickham chiama «nuova aristocrazia» e che confluiranno nella nobiltà cittadina (o *militia*) duecentesca: C. Wickham, *Roma medievale. Crisi e stabilità di una città (900-1150)*, Roma 2013, pp. 266-299; J.-C. Maire Vigueur, *L'altra Roma. Una storia dei romani all'epoca dei comuni (secoli XII-XIV)*, Torino 2011 (ed. or. Paris 2010), pp. 148-199.

10. Su Innocenzo vedi W. Maleczek, *Innocenzo III, papa*, in *DBI*, LXII, Roma, 2004, pp. 419-435; sulla lettera di Onorio *Regesta Honorii papae III*, a cura di P. Pressutti, I, Roma 1888, nr. 597.

11. I dati sono stati raccolti attraverso lo spoglio di *DBI*; S. Carocci, *Baroni di Roma. Dominazioni signorili e lignaggi aristocratici nel Duecento e nel primo Trecento*, Roma 1993; A. Rehberg, *Kirche und Macht im römischen Trecento. Die Colonna und ihre Klientel auf dem kurialen Pfründenmakrt (1278-1378)*, Tübingen 1999; Id., *Familien aus Rom un die Colonna auf dem kurialen Pfründenmarkt (1278-1348/78)*, I, in «Quellen und Forschungen

livello e il mondo ecclesiastico è dunque immediatamente percepibile. Illustrare nel dettaglio i dati relativi a ciascuna famiglia può essere utile, ma presenterebbe l'elevato rischio di offuscare la comprensione di questi rapporti con la proposta di un quadro estremamente frammentario. Piuttosto, credo risulti più proficuo soffermarmi nel dettaglio su casi singoli di casati che investirono risorse cospicue nel mondo dell'istruzione, quattro per la precisione. Colonna, Orsini, Malabranca e Stefaneschi sono infatti fra le poche famiglie di cui conosciamo più o meno bene la storia sia prima, sia dopo che il rapporto con le università divenisse evidente, e di cui possiamo farci un'idea delle strategie messe in atto per creare o rendere durevole tale rapporto. Le loro traiettorie si prestano dunque più di altre a evidenziare il rapporto tra la cultura e la mobilità sociale lungo il Duecento e nel primo Trecento, e d'altra parte le fonti che le riguardano forniscono informazioni assai dettagliate e per certi versi anche tra di loro complementari. Non solo: se le prime due famiglie riuscirono totalmente nell'intento di beneficiare di vero e proprio balzo sociale, la terza e la quarta lo fecero solo in parte. Abbiamo così una casistica diversificata anche dal punto di vista tipologico.

3. Colonna e Orsini

1. A inizio Duecento i Colonna già possedevano diversi castelli fra i Colli Albani e i Monti Prenestini e avevano instaurato rapporti stretti con alcuni pontefici. Il vero trampolino di lancio del loro inurbamento a Roma e della loro ascesa, gli studi concordano su questo punto, è stato tuttavia costruito dal primo cardinale della famiglia, Giovanni di Oddo-

aus Italienischen Archiven und Bibliotheken», 78 (1998), pp. 1-122; II, ivi, 79 (1999), pp. 99-214; Internullo, *Ai margini dei giganti* e riguardano, escluse le famiglie di cui parlerò, 1 Annibaldi (Annibaldo di Annibaldo, Parigi, *post* 1255), 1 Caetani (Benedetto di Roffredo [poi Bonifacio VIII], Bologna, poco dopo la metà del Duecento), 3 Capocci (Oddone di Arcione, Bologna, 1242; Nicola di Fiorenzo, Bologna, 1325), 4 Conti (Lotario di Trasmondo [poi Innocenzo III], Parigi-Bologna, XII²; Pietro II di Stefano, Parigi-Bologna, XIII; Giovanni IV di Pietro I, Parigi, XIV^{in}; Ildebrandino I di Adinolfo I studiò invece a Padova), 5 Sant'Eustachio (Oddone e Mattia di Tebaldo, Parigi, XIV¹), 1 Savelli (Giacomo di Luca [poi Onorio IV], Parigi, secondo quarto del Duecento). I Boccamazza sembrano invece aver avuto rapporti con Padova. Un Bonaventura ha frequentato lo *Studium Urbis* nel 1319. Fra i non ecclesiastici ho individuato soltanto Stefano di Giordano Colonna (vedi *infra*).

ne (1206-1242), sulla cui formazione non abbiamo dati oltre al titolo di
magister.[12] Giovanni non è soltanto il responsabile dell'acquisizione di
numerosi centri castrensi tra l'Aniene e la Casilina, ma è anche l'arte-
fice di una vera e propria politica culturale che ha permesso ai suoi di
instaurare un ponte tra l'università di Parigi e la sua famiglia. Sappiamo
infatti che questo Colonna fece grandemente leva sulle sue relazioni con
la Curia e con la monarchia inglese per fornire ai nipoti ogni mezzo utile
alla permanenza parigina: lo fece sicuramente con i tre (dei quattro) figli
maschi che suo fratello Giordano aveva avuto da una Conti: Stefano,
Corrado e Giovanni, studenti a Parigi tra 1222 e 1227 forti dell'appoggio
del pontefice Onorio III. Oltre che per loro, Giovanni si spese anche per
Oddone, uno dei due figli maschi di un altro suo fratello, invocando per
lui, in questi stessi anni, l'aiuto del re inglese Enrico III.[13] Ora, di questi
studenti sappiamo che Stefano tornerà allo stato laicale, Giovanni diverrà arcivescovo di Messina e Oddone invece si sposterà a Bologna;[14] lì,
qualificato dal titolo di *magister*, acquisterà nel 1242 un gruppo di case
«in strata Castillionis» proprio con lo scopo di favorire l'accesso dei suoi
nello *Studium* cittadino. Il documento di compravendita, conservato in
copia autentica, mostra che in quell'anno Oddone risiedeva nelle abitazioni degli Andalò, che aveva rapporti con il grande giurista Accursio e
che era a lui vicino un altro romano, Oddone Capocci, senza dubbio a
Bologna per motivazioni simili e destinato a divenir vescovo.[15] Iniziano
le vicende bolognesi dei Colonna.

12. Cf. per i problemi dell'istruzione cardinalizia fra XII e XIII secolo De Fraja, *L'insegnamento della teologia*. Su Giovanni Colonna vedi W. Maleczek, *Papst und Kardinalkolleg von 1191 bis 1216*, Wien 1984, pp. 154-162.
   13. M. Thumser, *Rom und der römische Adel in der späten Stauferzeit*, Tübingen
1995, pp. 70-71.
   14. Stefano: Carocci, *Baroni di Roma*, p. 365, nr. 8 e tavola genealogica. Giovanni: Thumser, *Rom und der römische Adel*, p. 70 e N. Kamp, *Colonna, Giovanni*, in *DBI*,
XXVII, Roma 1982, pp. 328-331. Per Oddone vedi la nota successiva.
   15. G. Gualandi, *Un documento accursiano del 1242*, in *Atti del convegno internazionale di Studi Accursiani*, a cura di G. Rossi, Milano 1968, III, pp. 1311-1317. Oddone
Capocci è sicuramente Oddone di Arcione (nella genealogia di Carocci, *Baroni di Roma*,
nr. 5). Che un romano abbia studiato in due università diverse, una francese e l'altra
italiana, non stupisce più di tanto e anzi sembra prassi più diffusa di quanto non si possa
pensare: percorso simile mostrano infatti Lotario Conti, poi papa Innocenzo III, e anche
altri baroni come Matteo di Orso Orsini e Giacomo di Pietro Stefaneschi, entrambi divenuti cardinali.

Le case acquistate da Oddone vennero purtroppo vendute già nel 1256,[16] ma le fonti disponibili già mostrano l'efficacia della sua operazione: il figlio di suo fratello Pietro, di nome Pietro anche lui, nel 1252 è rettore degli *scolares citramontani* dell'università, e pochi anni dopo sarà in Curia come cappellano pontificio.[17] Senza contare che i Colonna spostano le loro mire verso ulteriori immobili bolognesi, situati nei pressi della parrocchia di Sant'Andrea degli Ansaldi, zona piuttosto prossima alla *strata Castillionis*. Le fonti non ci dicono con chiarezza se furono a lungo proprietari di tali abitazioni, ma è certo che anch'esse funzionarono come residenza universitaria per i futuri ecclesiastici.[18] È così che, nel 1269, troviamo tre Colonna in questa città per motivi di studio: Giacomo di Oddone de Olevano III, nipote dei tre studenti parigini degli anni Venti, che nel 1278 diverrà cardinale; suo fratello Matteo, che sarà prevosto di Saint-Omer; Landolfo, forse un nipote del Pietro rettore dei *citramontani*, che invece diverrà canonico e amministratore del capitolo di Chartres. Tutti e tre si mossero per comprare libri di diritto a costi assai elevati (si va dalle 75 alle 105 libbre bolognesi), costi che poterono sostenere grazie alle entrate che gli derivavano da una serie di prebende ecclesiastiche, funzionanti a mo' di borse di studio, e al sostegno economico della famiglia.[19] E se anni prima Oddone *magister* era stato in contatto con Accursio, ora questi Colonna

16. T. Schmidt, *Ein Studenthaus in Bologna zwischen Bonifaz VIII. und den Colonna*, in «Quellen und Forschungen aus Italienischen Archiven und Bibliotheken», 67 (1987), pp. 108-141, in particolare p. 124 e n. 63.

17. D. Maffei, *Studi di storia delle università e della letteratura giuridica*, Goldbach 1995, pp. 36-39; Rehberg, *Kirche und Macht*, p. 430.

18. Sulle vicende della casa in Sant'Andrea degli Ansaldi vedi Schmidt, *Ein Studentenhaus*.

19. Sui tre a Bologna vedi *Chartularium Studii Bononiensis: documenti per la storia dell'Università di Bologna dalle origini fino al secolo XV*, X, Bologna 1936, nr. 79 (Giacomo) e 234 (Matteo); XI, Bologna 1937, nr. 55 (Landolfo), nonché Schmidt, *Ein Studentenhaus*. Su Giacomo vedi poi D. Waley, *Colonna, Giacomo*, in *DBI*, XXVII, Roma 1982, pp. 311-314; su Matteo Carocci, *Baroni di Roma*, p. 366 nr. 19; su Landolfo Internullo, *Ai margini dei giganti, ad indicem*. Da notare che fratello dei due studenti Giacomo e Matteo fu il laico Giovanni, senatore, autore della nota *Vita* di Margherita Colonna, sorella dei tre. Il latino della *Vita* è particolarmente raffinato, e mostra bene come questo Colonna avesse respirato in casa una cultura elevata. Né è escluso che egli avesse beneficiato di un qualche tipo di istruzione superiore, persino universitaria, ma sui laici disponiamo di dati minimi per quanto riguarda questo aspetto: vedi ivi, pp. 140-147.

hanno rapporti stretti con la famiglia del grande giurista Odofredo;[20] rapporti di prestigio, dunque, probabilmente coltivati con grande oculatezza e dispendio di risorse.

Per le generazioni successive le testimonianze si fanno più rarefatte, ma questa tradizione bolognese sembra persistere fino al Trecento inoltrato. Negli anni Venti di questo secolo troviamo infatti all'università alcuni figli di Stefano il Vecchio del ramo di Palestrina: Giacomo, che poi diverrà vescovo di Lombez; Giovanni, poi eletto cardinale; Agapito e Giordano, entrambi vescovi di Luni. Né cessarono del tutto i rapporti con gli ambienti scolastici parigini, dato che un Pietro Colonna difficilmente collocabile genealogicamente era stato nel 1259 uno dei «nunzi e procuratori dei maestri e degli scolari parigini presso la Sede Apostolica» e all'inizio del Trecento Giovanni di Bartolomeo, il nipote dell'ex-studente bolognese Landolfo, permarrà nella città a scopo di formazione, per poi divenire predicatore generale dell'ordine domenicano.[21]

Se dunque la famiglia divenne, nel corso del Duecento, sempre più potente a Roma grazie al proliferare di ecclesiastici di alto rango e ai loro rapporti con la Curia (Étienne Anheim ha ben parlato, per Colonna e Orsini, di «dinastie cardinalizie»[22]), è necessario riconoscere che questo processo ha avuto alla base la scelta consapevole di investire risorse più che ingenti nel mondo dell'istruzione.

2. Rispetto alla politica universitaria dei Colonna, quella degli Orsini è più sfuggente, perché le fonti illuminano soltanto un numero assai ristretto di ecclesiastici della famiglia e si concentrano soprattutto sulla seconda metà del Duecento, periodo in cui essa occupava già una posizione di preminenza e aveva già avuto un cardinale in famiglia. Tali fonti, tuttavia,

---

20. *Chartularium Studii Bononiensis*, VIII, Bologna 1927, nr. 464 e più in generale Schmidt, *Ein Studentenhaus*.
21. Giacomo: Internullo, *Ai margini dei giganti*, pp. 132-135 (studio bolognese certo). Giovanni: A. Paravicini Bagliani, *Colonna, Giovanni*, in *DBI*, XXVII, Roma 1982, pp. 333-337 e Rehberg, *Kirche und Macht*, pp. 421-422 (studio deducibile). Agapito: ivi, p. 412 (studio certo). Giordano: ivi, pp. 416-417 (studio deducibile; da notare che fu *cantor*). Pietro: ivi, p. 39n. Giovanni: Internullo, *Ai margini dei giganti*, pp. 138-140.
22. É. Anheim, *Les dynasties cardinalices et l'institution pontificale à la fin du XIIIe siècle. Identité institutionelle et mémoire collective*, in *Die Kardinäle des Mittelalters und der frühen Renaissance*, a cura di J. Nowak, J. Dendorfer, R. Lützelschwab, Firenze 2013, pp. 37-54.

assumono un rilievo particolare nella misura in cui chiarificano aspetti che rimangono oscuri per tutte le altre famiglie.

Comincio con il dire che le testimonianze disponibili mostrano rapporti stretti con l'università di Parigi, ben collocabili dunque nella tradizione inaugurata nel secolo precedente da Giacinto Boboni. Inoltre, tali rapporti ruotano tutti attorno alla figura di Giangaetano di Matteo Rosso, poi papa Nicola III, e riguardano in particolar modo tre suoi nipoti: Matteo Rosso e Romano di Gentile di Castel Sant'Angelo da una parte, Napoleone di Rinaldo di Marino dall'altra. Di Matteo Rosso, futuro cardinale, sappiamo che fu sicuramente a Parigi nel 1253, forse per studiare teologia, ma anche che negli anni successivi ebbe il titolo di *magister iuris* ed ebbe altresì fama di buon giurista presso Guglielmo Durante: probabilmente studiò sia il diritto canonico che la teologia (non è chiaro se in due università differenti), fenomeno riscontrabile anche nei percorsi di altri baroni e, fra gli Orsini, in quello di Matteo di Orso di Campodifiore, che sarà a Bologna e Parigi per divenire anch'egli cardinale nel Trecento.[23] Anche Romano studiò a Parigi nello stesso periodo di Matteo Rosso, ma entrò nell'ordine domenicano e rimase nella città più a lungo del fratello per svolgere attività di insegnamento, documentata per gli anni 1269-1272 e collegata a una produzione intellettuale notevole, in parte legata a quella di Tommaso d'Aquino.[24] Napoleone è invece sicuramente a Parigi nel 1280, come si evince da una lettera che suo zio, Giangaetano-Nicola III, inviò a lui, già cappellano pontificio e canonico parigino, per fornirgli tutta una serie di consigli su come sfruttare al meglio la sua permanenza nella città francese.[25] Come Matteo Rosso, così anche Napoleone diverrà cardinale.

Le carriere di Matteo Rosso, Napoleone e poi anche di Matteo mostrano bene come la *litteratura*, intesa come competenze intellettuali legate al diritto e alla teologia, fosse ormai nel Duecento e nel Trecento un elemento fondamentale per l'accesso al cardinalato, e questo appare tanto più chiaro quando osserviamo il caso di un altro cardinale Orsini, Giordano, il fratello dello stesso Giangaetano: della sua istruzione non sappiamo

---

23. Per Matteo Rosso vedi P. Pavan, *Orsini, Matteo Rosso*, in *DBI*, LXXIX, Roma 2013, pp. 674-677 Per Matteo di Orso vedi S.L. Forte, *Il cardinal Matteo Orsini O.P. e il suo testamento*, in «Archivum Fratrum Praedicatorum», 37 (1967), pp. 181-262.

24. R. Saccenti, *Orsini, Romano*, in *DBI*, LXXIX, Roma 2013, pp. 703-704.

25. G. Barone, *Orsini, Napoleone*, in *DBI*, LXXIX, Roma 2013, pp. 677-681. La lettera si può leggere in *Les registres de Nicolas III (1277-1280)*, I, Paris 1898, nr. 858.

nulla, ma è notevole che Salimbene de Adam lo definisca «germanus pape, homo parve litterature et quasi laycus», rimarcando proprio la mancanza dell'elemento culturale.[26] In questo caso, la necessità di questa componente era stata scavalcata dal forte appoggio di suo fratello, che non a caso è considerato l'inauguratore dell'«età dell'oro del nepotismo duecentesco» e in cui dobbiamo individuare il *deus ex machina* della formazione e delle brillanti carriere dei suoi parenti.[27] È bene però non generalizzare: Giordano sembra un'eccezione piuttosto che la regola, dato che più approfondiamo le traiettorie ascendenti dei baroni ecclesiastici, più troviamo dati espliciti su una loro istruzione solidissima. Al pari dei Colonna, così anche gli Orsini devono moltissimo a questi loro investimenti nel mondo dell'istruzione alla metà del Duecento.

Ho menzionato soltanto di sfuggita la lettera inviata nel 1280 da Nicola III al nipote Napoleone, ma mi sembra ora utile illustrarla più nel dettaglio, dato che essa costituisce una testimonianza preziosissima sulla prospettiva dalla quale un barone considerava questi studi universitari di alto livello. Dopo aver appreso che il nipote è giunto senza problemi nella città di Parigi, Nicola scrive subito che una conversazione di Napoleone con «modesti, prudenti e periti» (*modesti, prudentes et periti*) avrebbe aumentato la propria speranza sui *profectus* di costui. Dopodiché, utilizzando toni più retorici, giunge ad esaltare l'aspetto divino degli studi, a elogiare l'operosità di fronte alla negligenza e a intimare al destinatario di mantenersi generoso verso i poveri e i bisognosi con le acquisizioni che gli sono derivate dal «patrimonio del Redentore» (*patrimonium Redemptoris*). Si apre così la sezione più interessante, dove il papa enuclea alcuni comportamenti che Napoleone dovrà adottare per raggiungere la perfezione cui aspira: conversare con «uomini lodevoli e risplendenti di virtù» (*laudabiles viri, virtutum claritate fulgentes*) e lasciarsi guidare dalle loro «azioni luminose» (*clari actus*), evitare conversazioni con «persone di poco conto» (*leves*), dedicarsi ad attività salutari, applicarsi allo studio, osservare la moderazione nei gesti e l'«onore» (*honestas*) nei progressi. E poiché la moderazione e le virtù sono fondate sulla sobrietà, prosegue, sarà bene che egli eviti il più possibile di frequentare i banchetti, sia come ospite sia come oste, in modo da mantenere il decoro e l'onore della sua condizione. Dovrà inoltre conformarsi alle «buone maniere della patria» (*boni mores*

---

26. Cfr. M. Vendittelli, *Orsini, Giordano*, in *DBI*, LXXIX, Roma 2013.
27. Carocci, *Il nepotismo*, pp. 124-127.

patrie), alle «consuetudini delle persone onorevoli e importanti» (*consuetudines gravium personarum*) e alla modestia, in modo che in lui non appaiano mai né eccessi né tantomeno difetti. Chiude la lettera un'esortazione conclusiva a osservare tutti questi consigli e, sotto l'*auctoritas* di Ambrogio, a mantenersi generoso.[28]

Il primo elemento che colpisce di questa lettera è la grande preoccupazione del papa per l'educazione di suo nipote. Questo mostra già di per sé come per lui, e più in generale per gli altri grandi baroni dell'epoca, curare la preparazione culturale dei propri consanguinei possa comportare determinati vantaggi. A proposito di questi ultimi, faccio notare che in una delle prime righe è utilizzato il termine *profectus*: ho scelto di non tradurlo proprio perché tale termine gioca su un'ambiguità di significato, oscillando tra l'idea di un miglioramento intellettuale e spirituale e quella di vantaggi più concreti, materiali.[29] Altrettanto interessante si rivela l'esortazione a conversare con persone importanti (*graves*) e a imitarne le «consuetudini» da una parte, a evitare le persone di poco conto (*leves*) dall'altra, perché sembra far riferimento alla costruzione di un *habitus* specifico che permetta al giovane barone di entrare a far parte, e di sentirsi parte, del gruppo di coloro che godevano della più alta considerazione, i *graves*, e parallelamente di incorporare alcune pratiche di esclusione nei confronti dei meno importanti, i *leves*. Questo *habitus* in un certo senso altezzoso, lo ha sottolineato Jean-Claude Maire Vigueur, risulta effettivamente piuttosto diffuso in seno al baronato fra Due e Trecento: la lettera ci offre alcuni spunti in più sulle modalità di trasmissione di esso attraverso più generazioni.[30] Se infine ci chiedessimo chi potessero essere questi *graves*, riflettendo sul loro colle-

---

28. *Les registres de Nicolas III (1277-1280)*, a cura di M.J. Gay, I, Paris 1898, nr. 858. Per ragioni di spazio non è qui possibile soffermarsi più nel dettaglio su alcuni punti della lettera, ad esempio quello relativo ai banchetti (ben promossi in effetti da diversi cardinali addottorati a Parigi), e più in generale sulla sovrapposizione, in tale testimonianza, di un piano formale rivestito di un'aura religiosa e un piano meno formale in cui emerge l'identità nobiliare di Giangaetano e di suo nipote. Su questi aspetti rifletterò in altra sede.

29. La parola *profectus* è presente anche nel documento bonifaciano di fondazione dello *Studium Urbis*, ed è stata lì tradotta da Sandro Carocci con «profitto» (S. Carocci, *Bonifacio VIII e il comune romano* in *Bonifacio VIII. Ideologia e azione politica*, a cura di I. Bonincontro, Roma 2006, pp. 325-343, in particolare p. 327) da Carla Frova con «vantaggio spirituale» (C. Frova, *Roma urbs urbium nella bolla bonifaciana di fondazione dello Studio*, in *I poteri universali e la fondazione dello* Studium Urbis, a cura di G. Minnucci, Bologna 2008, pp. 3-19, in particolare 17).

30. Maire Vigueur, *L'altra Roma*, pp. 200-258.

gamento con le «buone maniere della patria» potremmo rispondere che di essi erano sicuramente parte altri romani, probabilmente coloro che ormai formavano il gruppo dei baroni. Ovviamente, oltre a loro, i più rinomati professori. Ripensando alle dediche citate in apertura a questo contributo e alle reti sociali bolognesi dei Colonna, queste strategie sembrano aver funzionato piuttosto bene.

4. *Malabranca e Stefaneschi*

1. Nel tardo XII secolo e nel primo XIII secolo i Malabranca sono una famiglia di spicco della nobiltà cittadina romana. Fra di essi vi fu forse anche un cardinale, Giovanni, nominato nel 1188, tuttavia siamo molto poco informati su costui, né sappiamo quali siano stati il suo rapporto con la cultura e il suo effettivo supporto alla famiglia.[31] Sappiamo comunque che nel medesimo periodo i Malabranca sono titolari di alcuni castelli nel Lazio, che dal 1188 hanno un piede stabile nel comune romano e che alcuni di costoro spiccano nel panorama delle attività creditizie e finanziarie dei *mercatores* romani.[32] Sono insomma nelle fasce più alte della nobiltà cittadina romana. Ora, quello che ci interessa è che nel secondo Duecento questo gruppo familiare tenterà di compiere un balzo in avanti attraverso diverse operazioni, fra di loro interconnesse, in modo da varcare la soglia del gruppo dei baroni. Il protagonista di questo processo è Angelo, un laico che negli anni Trenta e Quaranta del Duecento intraprende una brillante carriera a Roma come senatore e fuori Roma come podestà di altri comuni.[33] Da un punto di vista politico i successi cominciano ad arrivar-

31. Maleczek, *Papst und Kardinalkolleg*, pp. 88-89; Thumser, *Rom und der römische Adel*, pp. 126-130. Delle origini della famiglia parla H. Tillmann, *Ricerche sull'origine dei membri del collegio cardinalizio nel XII secolo*, in «Rivista di Storia della Chiesa in Italia», 29 (1975), pp. 363-402, pp. 385-386, dove esplicita che a metà XII secolo (prima dunque che Giovanni venisse creato cardinale), i Malabranca sono una «famiglia di banchieri» che proprio grazie all'appoggio fornito ai pontefici ottiene il *castrum* di Ariccia. Marco Vendittelli sta svolgendo nuove ricerche sulla storia della famiglia: non escludo, dunque, che i suoi risultati possano chiarificare alcuni dati, qui discussi, relativi al rapporto dei Malabranca con la cultura.
32. Wickham, *Roma medievale*, pp. 202-203, 510n.; M. Vendittelli, *Mercanti romani del primo Duecento «in Urbe potentes»*, in *Rome aux XIIIᵉ et XIVᵉ siècles*, Roma 1993, pp. 88-134, pp. 93-94; Thumser, *Rom und der römische Adel*, pp. 126-130.
33. M. Vendittelli, *Malabranca, Angelo*, in *DBI*, LXVII, Roma 2006, pp. 695-698.

gli quando, negli anni Cinquanta e Sessanta, egli intraprende una politica assai vicina agli interessi del papato, riuscendo così dopo la battaglia di Tagliacozzo a intessere rapporti con gli Angiò, a conquistarsi il loro favore e forse anche la proprietà di ulteriori castelli.[34] Da un punto di vista sociale Angelo è altrettanto oculato, tant'è che riesce a organizzarsi un matrimonio con una Orsini, Mabilia, proprio la sorella del cardinale Giangaetano. Da Mabilia ha almeno tre figli, uno dei quali riuscirà a sua volta a far sposare una propria figlia con un altro Orsini, Riccardo di Fortebraccio del ramo di Castel Sant'Angelo.[35] È dal punto di vista culturale che Angelo scricchiola: i registri di Gregorio IX ci informano infatti che il nostro senatore non conosce il latino e deve farsi tradurre in volgare, dal priore di Santa Sabina, le lettere pontificie che riceve.[36] Premesso che una situazione del genere non deve essere generalizzata al gruppo dei senatori romani, il Malabranca, al quale tutto questo dovette in qualche modo pesare e forse anche creare un certo imbarazzo, compie un'operazione che migliorerà la sua posizione anche in tal senso: invia infatti, fra la fine degli anni Sessanta e i primi Settanta, uno dei suoi figli a studiare a Parigi e questo, intrapresa una carriera ecclesiastica in seno all'ordine domenicano, verrà nominato cardinale nel 1278 proprio da suo zio, Giangaetano Orsini-Nicola III.[37] Non abbiamo fonti esplicite su questo, ma mi sembra fuor di dubbio che anche l'ingresso a Parigi sia stato favorito da Giangaetano.

Inviterei a riflettere un momento sul nome che il senatore *illitteratus* diede a questo suo figlio: Latino. Poiché all'epoca tale nome non era per nulla diffuso a Roma, probabilmente il padre lo scelse come *nomen omen* benaugurante e parallelamente in grado di render noto a tutti che il figlio avrebbe colmato la sua lacuna. Se questa interpretazione tiene, essa avvalora ancora di più l'ipotesi dell'esistenza, nella mente del nostro senatore, di un piano preciso per scalare la società ancor prima che suo figlio nascesse. Non solo Latino si farà autore di una produzione intellettuale notevole per quan-

34. S. Carocci, *Una nobiltà bipartita. Rappresentazioni sociali e lignaggi preminenti a Roma nel Duecento e nella prima metà del Trecento*, in «Bullettino dell'Istituto Storico Italiano per il Medio Evo», 95 (1989), pp. 71-122, pp. 102-103, n. 69 (le fonti non sono esplicite su Angelo, ma fanno intendere che dopo la sua morte i Malabranca erano divenuti feudatari del re); Carocci, *Il nepotismo*, pp. 69-70.

35. Vendittelli, *Malabranca, Angelo*, p. 695.

36. *Les registres de Grégoire IX*, a cura di L. Auvray, II, Paris 1907, nr. 3044, su cui Vendittelli, *Malabranca, Angelo*, p. 695.

37. M. Vendittelli, *Malabranca, Latino*, in *DBI*, LXVII, Roma 2006, pp. 699-703.

tità e qualità, ma negli ultimi decenni del Duecento troveremo i Malabranca, insieme ai Colonna, anche fra i committenti di un pregevole manoscritto con le gesta degli antichi romani in francese, i *Faits des Romains*. Tali manoscritti sono espressione di una moda culturale che diversi baroni recepiscono nel tardo Duecento dai *milieux* angioini come segno di distinzione sociale, e diviene allora chiaro come ogni indizio a nostra disposizione sui Malabranca proceda in direzione di un tentativo di integrazione e assimilazione al gruppo ormai sempre più definito del baronato romano.[38]

Angelo riuscì nei suoi intenti? Forse non quanto si sarebbe aspettato, dato che suo figlio, pur guadagnando grande rispetto in Curia grazie agli incarichi che ricoperse, non mostrò tendenze al nepotismo paragonabili a quelle dei suoi cugini Orsini. E in effetti gli elenchi di *magnates* degli statuti romani (1305, 1363) non includono i Malabranca nella lista.[39] Tuttavia, rispetto alla posizione di partenza la famiglia sembra aver ottenuto un miglioramento, almeno fino alla metà del Trecento: diversi membri della famiglia arrivano infatti a guidare per alcuni decenni la cancelleria del Senato, e d'altra parte fonti cronachistiche trecentesche come Giovanni Villani e l'Anonimo romano associano i Malabranca al gruppo dei baroni. Senza contare, infine, che legami matrimoniali con il baronato si manterranno anche nel pieno Trecento.[40] In questo caso è assai difficile dire quale ruolo abbia assunto il capitale culturale di Latino in questi slittamenti nello spazio sociale. In superficie sembra che l'elemento realmente importante siano stati i legami con gli Orsini, ma non possiamo affermare con assoluta certezza che i libri e la cultura di Latino non ebbero peso nell'assunzione da parte dei suoi parenti dell'incarico di *cancellarii*, incarico che doveva confrontarsi con la redazione di documenti pubblici assai retorici e complessi.[41]

---

38. Sul manoscritto (Paris, BnF, fr. 9082) e sul contesto vedi Internullo, *Ai margini dei giganti*, 366-382.

39. A. Rota, *Il codice degli «Statuta Urbis» del 1305 e i caratteri politici della sua riforma*, in «Archivio della Società Romana di Storia Patria», 70 (1947), pp. 147-162, in particolare pp. 160-162; *Statuti della città di Roma*, a cura di C. Re, Roma 1880, pp. 191-192.

40. Giovanni Villani, *Nuova Cronica*, a cura di G. Porta, Parma 1990-1991, II, p. 599; Anonimo Romano, *Cronica*, a cura di G. Porta, Milano 1979, p. 196; Rehberg, *Familien aus Rom*, I, pp. 33-41.

41. F. Bartoloni, *Per la storia del senato romano nei secoli XII-XIII*, in «Bullettino dell'Istituto Storico Italiano per il Medio Evo», 60 (1946), pp. 1-108, in particolare pp. 2-13.

2. La famiglia Stefaneschi occupa fra XII e XIII secolo una posizione meno prestigiosa di quella dei Malabranca nella società romana: radicata nel rione Trastevere, ha legami solidi con il comune romano, ma possiede soltanto casali, non castelli, lungo la via Latina.[42] Protagonista della sua fortuna è anche qui un laico, il longevo Pietro di Stefano il quale, come Angelo Malabranca, ha un piede nel Senato. Negli anni Settanta del Duecento Pietro, già in buoni rapporti con diverse famiglie baronali, si fa protagonista insieme al figlio di una politica di acquisizione di castelli, il più importante dei quali è Porto. Come Angelo, poi, intorno alla metà del Duecento Pietro sposa una Orsini, Perna, figlia di Gentile, a sua volta fratello del cardinale Giangaetano. Castelli, legami parentelari importanti e, ormai non ci stupisce, università: il trinomio è evidente anche in questo caso, perché il nostro Stefaneschi si fa garante della migliore istruzione per i due figli che avrebbero dovuto intraprendere una carriera ecclesiastica. Uno di essi, Giacomo Gaetano, viene inviato prima a Parigi intorno al 1285, dove studia nella facoltà di Arti e dove gli fa da supporto un canonicato a Rouen, poi in Italia per completare la sua formazione nelle materie giuridiche. Anche per lui non abbiamo testimonianze dirette del supporto di qualche parente illustre, ma il doppio nome che Pietro ha voluto dare al figlio (*Iacobus Gaietanus*, e lo si legga accanto a *Iohannes Gaietanus*) non lascia alcun dubbio sulla volontà da parte sua di esplicitare i legami con l'Orsini e forse anche un appoggio dato dal pontefice Giangaetano-Nicola III nei suoi ultimi anni di vita. Quando poi osserviamo il modo in cui il professore Egidio Romano si rivolge al nostro studente, chiamandolo «Giacomo di Giangaetano» anziché «Giacomo di Pietro», i dubbi diventano davvero pari a zero. Giacomo sarà nominato cardinale nel 1295 e rimarrà tale per quasi cinquant'anni.[43] L'altro figlio, Gentile, studierà anch'egli a Parigi, anche se in seno all'ordine domenicano, e nel 1303 diverrà vescovo di Catania.[44]

---

42. Carocci, *Baroni di Roma*, pp. 423-428, su Pietro e sulla sua famiglia. Non sono ancora in grado di verificare se la famiglia vada messa in rapporto con gli «Stefaniani» discussi nel libro di Wickham, *Roma medievale* (vedi ad indicem).

43. Su Giacomo vedi Internullo, *Ai margini dei giganti*, pp. 122-125 (con bibliografia).

44. M. Leonardi, *Gentile Stefaneschi Romano O.P. (†1303) o Gentile Orsini? Il caso singolare di un Domenicano nel* Regnum Siciliae *tra ricostruzione storica e trasmissione onomastica*, in «Quellen und Forschungen aus Italienischen Archiven und Bibliotheken» 93 (2013), pp. 27-48.

Gentile e Giacomo non sembrano aver assunto atteggiamenti nepotisti, anche se non sappiamo con certezza se tutto ciò è dettato da un vizio delle fonti, oppure ha a che fare con una scelta deliberata da parte loro o ancora con un'impossibilità di agire in tal senso. In ogni caso anche gli Stefaneschi non figureranno nelle liste dei *magnates* e per loro comincerà «un lento ma costante processo di decadenza»,[45] ma è bene aggiungere che nella prima metà del Trecento i romani associano anch'essi agli altri baroni, e d'altro canto questa famiglia si autopercepiva come tale: basti il rinvio alle vicende di Martino, signore di Porto, nella *Cronica* dell'Anonimo e al suo atteggiamento sprezzante delle regole, quasi idealtipico del gruppo.[46] Né la famiglia rinuncerà a investire ulteriori capitali nel mondo delle università, dato che nel 1321 sarà a Parigi un altro Stefaneschi, Stefano, figlio di un fratello del cardinale Giacomo, e che un professore rinomato come Giovanni di Jandun si rivolgerà a costui chiamandolo «Stefano Gaetano», rendendo così onore al papa che aprì agli Stefaneschi l'ingresso nella prestigiosa università. Peccato che Stefano morì soltanto tre anni dopo...[47]

5. *I vantaggi della cultura per l'affermazione di una famiglia*

Quanto detto finora ha fornito spunti utili sulle questioni del *quando* e del *come* i rapporti tra il baronato e l'università sono stati intessuti, e ha mostrato altresì come le famiglie considerate abbiano attribuito un'importanza particolare all'investimento di risorse nel campo della cultura, riconoscendo in esso un elemento utile alla propria affermazione sociale. Resterebbe da capire più nel dettaglio *perché* tutto ciò sia stato compiuto. In altre parole, sarebbe bene soffermarsi in maniera più dettagliata sull'importanza che il possesso di un capitale culturale poteva assumere, e assunse, nel successo sociale di una famiglia. È quanto cercherò di fare nelle righe che seguono, soffermandomi in maniera rapida su alcuni degli ambiti in cui la formidabile cultura dei baroni aveva una ragion d'essere evidente.

45. Carocci, *Baroni di Roma*, p. 428.
46. Anonimo Romano, *Cronica*, pp. 139-142.
47. Dykmans, *Le cardinal Annibal*, pp. 162-164. Faccio inoltre da notare che gli Stefaneschi sono coinvolti nel progetto, illustrato nel testamento del cardinale Annibaldo da Ceccano, di fondare a Roma in Trastevere un collegio affiliato allo *Studium Urbis*: cf. Internullo, *Ai margini dei giganti*, pp. 73-75.

Partiamo dagli incarichi più alti cui le nostre famiglie ambivano direttamente e in maniera piuttosto esplicita, il cardinalato e il vescovato. Ciascuno dei due comprende, fra Due e Trecento, una serie di mansioni molto ampia, che si lega ad alcuni macroambiti in particolare: quello giudiziario, per cui basti pensare ai tribunali pontifici e vescovili; quello politico, cui si legano ad esempio i poteri temporali del vescovo e le mansioni legatizie rivestite da entrambe le figure; quello religioso, ovviamente, e penso qui alle questioni relative alle canonizzazioni per i cardinali (in questo caso, un *consilium* di Pietro Colonna pervenutoci è davvero eloquente sulla cultura pratica del cardinale), alla cura della vita pastorale della diocesi per i vescovi.[48] Già soltanto pensando a questi tre ambiti, si capisce molto bene come la padronanza del diritto e della teologia fosse essenziale per accedere alle due cariche e d'altra parte i nostri potenti ecclesiastici si mostrano perfettamente in grado di svolgerli: per citare due fra gli esempi più tangibili, possiamo rivolgerci alle complesse costituzioni promulgate da Latino Malabranca nel 1279 per disciplinare la vita ecclesiastica delle province di Ravenna e Aquileia, oppure ai quarantadue statuti presentati nel 1287 da Giovanni Boccamazza a Würzburg con il fine di disciplinare la Chiesa tedesca.[49]

Diritto e teologia sono dunque essenziali alla vita vescovile e cardinalizia e più in generale a quella degli ecclesiastici di alto rango, ma la loro ragion d'essere non si risolve all'interno dei compiti legati a questi incarichi. Entrambi offrono infatti la possibilità vantaggiose ben al di fuori della sfera per così dire professionale: non si contano i cardinali che hanno messo in campo tutta la loro abilità nel campo del diritto per elaborare finzioni giuridiche e strategie adatte all'acquisizione di castelli o persino piccole città. Il caso lampante è quello di Ninfa, che sembra quasi darsi spontaneamente ai Caetani, quando in realtà rimase intrappolata nella pericolosissima ragnatela di Benedetto-Bonifacio VIII. Sono anche questi, dunque, gli strumenti che un ecclesiastico mette a disposizione della propria famiglia, strumenti dagli effetti tanto concreti e durevoli quanto lo sono le mura di un villaggio fortificato.[50]

---

48. Per i cardinali vedi Carocci, *Il nepotismo*, pp. 37-72 (con bibliografia); per i vescovi si vedano i casi esemplificativi discussi in Internullo, *Ai margini dei giganti*, pp. 129-135. Il *consilium* del Colonna è edito e commentato in L. Carolus-Barré, *Consultation du cardinal Pietro Colonna sur le IIe miracle de saint Louis*, in «Bibliothèque de l'École des Chartes», 117 (1959), pp. 57-72.

49. Vendittelli, *Malabranca, Latino*, p. 702; I. Walter, *Boccamazza, Giovanni*, in *DBI*, XI, Roma 1969, pp. 20-24, in particolare pp. 21-22.

50. Carocci, *Il nepotismo*, pp. 87-99.

Tra gli strumenti che questi ecclesiastici mettono a disposizione dei
parenti vi sono poi anche beni di altro tipo: i libri..Conosciamo le biblioteche di moltissimi cardinali romani, e se le confrontiamo con quelle degli
altri uomini di cultura di Roma è battaglia persa. Sappiamo anche che erano proprio gli ecclesiastici a farsi carico di acquisti librari imponenti, come
è evidente in particolar modo nel caso del cardinale Pietro Colonna, che
alla morte del suo collega Pietro Peregrosso (1295) acquistò in blocco i 70
codici della biblioteca di costui, per arrivare a un totale di 160 libri! Che
questi libri fossero ben messi a disposizione dei familiari, e soprattutto a
scopo di studio, ce lo conferma il testamento di un altro cardinale, Giovanni
Boccamazza, stilato prima del 1309, nel quale il cardinale dà disposizione
di lasciare i suoi libri giuridici ai nipoti e pronipoti *clerici*, discendenti dai
suoi fratelli maschi, che studieranno diritto. Similmente, diversi anni dopo
il cardinale Matteo Orsini lascia al nipote Tebaldo i libri «pro faciendis ser-
monis», e Tebaldo diverrà vescovo. Così, Anche il testamento di un altro
barone, il vescovo Ildebrandino Conti, specifica che alcuni suoi libri, fra i
quali un libro di grammatica (Il *Catholicon* di Giovanni Balbi), devono essere restituiti al nipote Paolo perché parte del *patrimonium* di famiglia.[51]

Gli ecclesiastici del baronato, oltre a essere personalità di spicco nel
panorama politico e sociale dell'epoca, lo sono senz'altro anche in quello culturale, nel senso che sono autori di numerosissimi scritti di natura
letteraria. Tutt'altro che innocui, tali scritti forniscono un'immagine particolarmente lodevole sia dell'*entourage* familiare dell'autore, sia di alcuni
membri di esso, mostrandosi in molti casi come veri e propri strumenti di
definizione della preminenza. Assai eloquenti in tal senso sono gli opuscoli
di Giacomo Stefaneschi, che elogiano tanto suo padre Pietro quanto sua
madre, Perna Orsini, e il fratello di lei, il cardinale Matteo Rosso; oppure,
dello stesso autore, le poesie latine che ci sono conservate tanto in forma
manoscritta quanto in forma dipinta nei mosaici di Santa Maria in Trastevere, commissionati dal fratello di Giacomo, Bertoldo.[52]

51. Pietro Colonna: A. Paravicini Bagliani, *Le bibliotche dei cardinali Pietro Peregrosso (†1295) e Pietro Colonna († 1326)*, in «Revue d'histoire ecclésiastique suisse», 64 (1970),
pp. 103-139. Giovanni Boccamazza: *I testamenti dei cardinali nel Duecento*, a cura di A. Paravicini Bagliani, Roma 1980, pp. 362-363. Matteo Orsini: Forte, *Il cardinal Matteo Orsini*,
p. 206 (e per Tebaldo di Poncello vedi Carocci, *Baroni di Roma*, genealogia nr. 10/1). Ildebrandino Conti: M.C. Billanovich, *Il testamento superstite del vescovo Ildebrandino Conti*, in
«Italia Medioevale e Umanistica», 50 (2009), pp. 211-257, in particolare p. 253.
52. Internullo, *Ai margini dei giganti*, cap. 3.

Infine, un solido capitale culturale è stato sicuramente utile a diversi esponenti del baronato per costruirsi una determinata immagine del proprio passato familiare, immagine che, come accennato sopra, riesce a coprire la reale origine della famiglia e soprattutto ben mistifica le pratiche nepotistiche che hanno portato al suo successo, non sempre condivise nell'ambiente romano. Mi sto riferendo alle cosiddette "genealogie incredibili", fra le quali è senz'altro da porre in primo piano quella elaborata dai Sant'Eustachio in occasione di una lite intrapresa con i Bonaventura per determinare i rispettivi gradi di nobiltà. In questo caso è evidente come la capacità di manipolare diverse tipologie di testi scritti in latino abbia permesso agli attori della disputa di creare un'immagine vincente del proprio gruppo. Quasi scontato, a questo punto, rilevare che fra questi attori vi sono almeno due ex studenti parigini, Oddone e Mattia, figli del prepotente Tebaldo Sant'Eustachio. In questo caso, la cultura ha permesso a chi la possiede di plasmare l'identità della propria famiglia proiettandone la storia in un passato lontano.[53]

Sommati insieme, tutti questi elementi illuminano l'ecclesiastico con una luce particolare e fanno di costui un individuo tanto potente quanto versatile, in grado di muovere tantissime pedine nel gioco sociale di cui lui e la sua famiglia sono parte. Quando poi ripensiamo ad alcuni degli atteggiamenti che abbiamo osservato per il caso dei Colonna e degli Orsini, i quali favorirono l'ingresso nelle università di ulteriori parenti e sono dunque definibili come nepotisti da questo punto di vista, capiamo anche meglio come il moltiplicarsi di tutte queste risorse culturali abbia permesso alle due famiglie di occupare una posizione sociale di assoluta preminenza.

6. Per concludere, tra storia del baronato e storia di Roma

Vengo ora ad alcune considerazioni conclusive, in modo da rendere più chiara l'illustrazione da me proposta sia nei suoi rapporti con il tema di quest'occasione scientifica, sia nella sua inseribilità nella più ampia storia di Roma tardomedievale.

---

53. Ivi, pp. 429-432, 448-451. Il libro di riferimento sul concetto di "genealogie incredibili" è R. Bizzocchi, *Genealogie incredibili. Scritti di storia nell'Europa moderna*, Bologna 1995.

Anzitutto, quello che l'illustrazione di questi quattro casi, considerati nel loro più ampio contesto, può dirci è che la cultura è stata sicuramente uno dei canali della mobilità sociale di molte famiglie del baronato romano. In altre parole, buona parte delle famiglie che nel tardo Duecento acquisirono uno strapotere non avrebbero mai potuto raggiungere la loro posizione, se non avessero investito risorse ingenti nel mondo delle università. Come ho detto, si tratta tuttavia di *uno* dei canali della loro mobilità sociale, perché l'elemento culturale non può essere considerato al di fuori del suo rapporto con gli altri fattori che ebbero peso nell'emergere del baronato romano, e cioè le proprietà signorili, la preminenza politica, i rapporti con la Curia, i legami con illustri sovrani. Considerato all'interno di questi rapporti, l'investimento di risorse nel campo universitario costituiva essenzialmente il preludio necessario a gettare un piede in Curia, anche se poi, come abbiamo visto, aveva ricadute positive di diverso tipo sulla famiglia e non credo che i nostri nobili non ne fossero stati prima o poi consapevoli. Questo elemento non sembra aver preceduto, nella storia delle nostre famiglie, l'acquisizione di uno *status* prestigioso attraverso i legami con le istituzioni politiche romane, il possesso di beni fondiari e legami importanti, parentelari e non: con qualche incertezza per i Colonna (le cui origini non sono ricostruibili con esattezza), Boboni-Orsini, Malabranca e Stefaneschi risultano investire nell'università quando già hanno una posizione di tutto rispetto nello spazio politico romano e hanno dalla loro più di un *castrum*. È tuttavia notevole che nei momenti in cui queste famiglie hanno cercato di compiere un ulteriore balzo in avanti, certamente guardando alla Curia, il rapporto con le università emerge sempre.

Le quattro famiglie, pur se confluite nello stesso gruppo sociale, mostrano traiettorie dagli esiti diversi e questo offre ulteriori elementi di riflessione. Quando osserviamo l'assenza di Stefaneschi e Malabranca nelle liste dei *magnates*, dobbiamo chiederci cosa delle loro azioni non abbia funzionato rispetto a quelle di Colonna e Orsini. Una prima risposta, forse scontata, indicherebbe le differenti posizioni di partenza delle famiglie. Ma se questo è valido per gli Stefaneschi, probabilmente non lo è per i Malabranca e nemmeno del tutto, sembra, per i Colonna di inizio Duecento. Piuttosto ritengo, seguendo la linea interpretativa di Sandro Carocci, che in queste vicende abbia avuto peso grande un secondo fattore, e cioè proprio il nepotismo curiale. Gli ecclesiastici delle famiglie Colonna e Orsini sono ben noti per averlo promosso, mentre quelli degli Stefaneschi e Malabranca sembrano invece non aver portato avanti una pratica del genere, vuoi per mancanza di motivazioni personali, vuoi per difetto di capacità, vuoi infine, ma è un dato da verificare, per l'appartenenza di alcuni dei loro curiali a un ordine religoso (es. Latino Malabranca o Gentile Stefaneschi), che forse costituì un freno all'«avanzar i parenti». A proposito del nepotismo, se esso si manifestava nell'acquisizione di beni immobili, nella trasmissione di somme di denaro, di benefici, di cariche e nel favoreggiamento di carriere anche al di fuori del mondo ecclesiastico, ora lo abbiamo visto ben presente anche nel mondo della scuola. Pensando ai cardinali Colonna e a Nicola III Orsini, credo che per loro si possa infatti ben parlare anche di «nepotismo culturale».

Vorrei infine chiudere questo contributo cercando di ampliare l'ottica alla più ampia storia delle élite romane del Due e Trecento. Anzitutto, c'è da dire che studiando problemi socio-culturali del genere risulta assai difficile proporre una periodizzazione a blocchi che consideri, dal punto di vista della cultura, un cinquantennio come diverso dal precedente o dal successivo. Piuttosto, mi sembra più utile considerare in tal senso i casi di singole famiglie e, qui più cautamente, di singoli gruppi. Da questa prospettiva, il Duecento appare come il secolo in cui la cultura scolastica costituì senza dubbio uno dei canali di ascesa per quelle famiglie della nobiltà cittadina che confluirono nel baronato; parallelamente, però, il Duecento fu anche il secolo in cui la cultura fece da ammortizzatore sociale per quelle famiglie che tra i secoli XI e XII avevano raggiunto una posizione di preminenza divenendo parte integrante di quella che Chris Wickham chiama «nuova aristocrazia», ma che successivamente, in seguito a momenti di forte crisi a Roma, andarono incontro a declino. Esempi utili sono quelli dei *filii Barunci* e dei *filii Astaldi*, studiati da Wickham: entrambe le famiglie avevano avuto una posizione di primo piano nell'XI secolo e ancora nel XII, e se la prima contava giuristi fra le sue fila, la seconda aveva avuto un cardinale.[54] Ecco, sebbene il racconto di Wickham termini esplicitando che entrambe andarono incontro a un rapido declino, diversi studiosi della Roma tardomedievale conoscono gli epigoni due-trecenteschi di esse: sono i Baroncelli e gli Astalli, che tra Due e Trecento risultano collocabili fra gli strati superiori del Popolo.[55] Riflettendo sul fatto che entrambe le famiglie hanno in questo secondo periodo una forte colorazione notarile, viene da pensare

54. Wickham, *Roma medievale*, pp. 280-285.
55. Rehberg, *Familien aus Rom*, II, pp. 154-158; *Il protocollo notarile di Pietro di Nicola Astalli (1368)*, a cura di I. Lori Sanfilippo, Roma 1989.

che sia stato proprio il possesso di una cultura giuridica, teologica o più in generale latina ad aver consentito loro di non sprofondare, e di mantenersi piuttosto sulla soglia di questo ceto socio-professionale caratterizzato da competenze intellettuali.

Un fenomeno simile si può riscontrare anche per i nostri baroni nel Trecento, un periodo che gli storici fanno coincidere con un forte irrigidimento sociale e un'aspra crisi economica, e che d'altra parte dovette fare i conti con l'allontanamento della Curia dal Lazio: fra gli epigoni del potente cardinale Boccamazza, che aveva destinato ai suoi nipoti libri di diritto a scopo di studio, troviamo infatti nel tardo Trecento e nel Quattrocento diversi notai, così come, sempre nel Trecento, troviamo fra i notai un Colonna e persino lontani epigoni della famiglia Pierleoni.[56] D'altra parte, nello stesso periodo osserviamo personaggi di Popolo compiere movimenti d'ascesa proprio grazie all'acquisizione di capitali culturali specifici, legati però ora a istituzioni diverse, come appunto lo *Studium Urbis* e le chiese urbane.[57]

Se davvero le parole dell'Anonimo romano vanno riferite a un figlio del senatore Bertoldo Orsini, come credo, mi sembrano una chiosa perfetta per queste osservazioni: «po' la morte soa sio figlio venne in tanta miseria, che viveva da insegnare li guarzoni lo alfabeto».[58] Spogliato di ogni risorsa, all'Orsini era rimasta soltanto la sua cultura.

56. Boccamazza e Colonna: A. Rehberg, *Gli scribasenato e le riformanze perdute di Roma (fine XIII-XIV secolo)*, in *Scritti per Isa. Raccolta di studi offerti a Isa Lori Sanfilippo*, a cura di A. Mazzon, Roma 2008, pp. 795-824, in particolare pp. 810-813. Pierleoni: N. Bertoletti, *Nuove briciole di romanesco antico*, in «Lingua e Stile», 46/2 (2011), pp. 177-223. Per quanto riguarda il notariato in rapporto alla mobilità sociale si veda ora il ricco articolo di A. Luongo, *Notariato e mobilità sociale nell'Italia cittadina del XIV secolo*, in *La mobilità sociale nel Medioevo italiano*, pp. 243-271, il quale insiste sulla professione «come elemento preparatorio e potenzialmente catalizzatore della mobilità sociale, ma assolutamente non determinante di per sé».

57. Internullo, *Ai margini dei giganti*, pp. 192-212 e soprattutto il contributo di A. Rehberg in questo stesso volume.

58. Anonimo Romano, *Cronica*, p. 221.

ANNA ESPOSITO

Non solo carità. Confraternite e mobilità sociale a Roma alla fine del Medioevo

Non c'è bisogno d'insistere sulla vocazione delle confraternite laicali del tardo Medioevo a venire incontro ai bisogni più pressanti della società in cui si trovavano ad operare. Per queste pie istituzioni di natura ecclesiastica, ma gestite di solito da laici devoti, era naturale dedicarsi a opere assistenziali, come la gestione di un ospedale o l'erogazione di doti ed elemosine, opere che venivano a costituire una parte importante della loro attività, quasi alla pari di quella religiosa e devozionale, opere che peraltro potevano essere esercitate compiutamente proprio grazie alla prosperità economica del sodalizio.[1] «Reperire risorse ed energie umane per erogare e gestire al meglio le varie forme di assistenza»[2] diviene lo scopo di molte istituzioni caritative del tardo Medioevo, che in questo modo svolgevano concretamente quella funzione di mediazione di beni ottenuti da terzi e da ridistribuire ai poveri, su cui recentemente ha tanto insistito la storiografia.[3]

---

1. A. Esposito, *Amministrare la devozione. Note dai libri sociali delle confraternite romane (secc. XV-XVI)*, in *Il buon fedele. Le confraternite tra medioevo e prima età moderna*, in «Quaderni di storia religiosa», 5 (1998), pp. 195-223: 204; e ora i saggi contenuti nel volume *L'ospedale, il denaro e altre ricchezze. Scritture e pratiche economiche dell'assistenza in Italia nel tardo medioevo*, a cura di M. Gazzini, A. Olivieri, in «Reti Medievali Rivista», 17/1 (2016), ed in particolare L. Palermo, *Gestione economica e contabilità negli enti assistenziali medievali*, alle pp. 113-131 (disponibile all'indirizzo: www.rmojs.unina.it/index.php/rm/article/view/497/621, ultimo accesso 13 luglio 2016, doi:http://dx.doi.org/10.6092/1593-2214/497).

2. G. Piccinni, *Il banco dell'ospedale di S. Maria della Scala e il mercato del denaro nella Siena del Trecento*, Pisa 2012, la citazione è alle pp. 28-29.

3. G. Todeschini, *I mercanti e il tempio. La società cristiana e il circolo virtuoso della ricchezza fra Medioevo ed Età Moderna*, Bologna 2002; Th. Frank, *Confraternite e assistenza*, in *Studi confraternali: orientamenti, problemi, testimonianze*, a cura di M. Gazzini, Firenze 2009, pp. 217-238, disponibile all'indirizzo: http://digital.casalini.it/9788884539380;

Finora però l'attenzione degli studiosi non si è concentrata in modo peculiare sul ruolo che i pii sodalizi svolsero per la promozione sociale delle
fasce meno fortunate della società, ed è questo aspetto – ovvero la mobilità
all'interno di fasce sociali di livello non elevato – che intendo prendere in
considerazione, avendo sotto gli occhi il caso di Roma. Nella mia trattazione
mi occuperò in primo luogo e con particolare insistenza dei bambini/e ab-
bandonati e dei loro percorsi esistenziali, e successivamente degli studenti
poveri dei collegi Capranica e Nardini, che – com'è noto – erano ammini-
strati dalla famosa confraternita del San Salvatore *ad Sancta Sanctorum*.

L'assistenza nei confronti dell'infanzia abbandonata a Roma era erogata dall'ospedale Santo Spirito, gestito dall'omonimo ordine ospedaliero
e finanziato in parte, oltre che dai lasciti testamentari, dalle elemosine pontificie, dalle questue, dai contributi dei membri dell'omonima confraternita, che – è bene sottolineare – era un'istituzione *sui generis* in quanto i suoi
membri erano affiliati solo per lucrare le grazie spirituali.

Se nel Trecento questa "carità" non risulta documentata se non per
i pochi cenni inseriti in alcune bolle pontificie, è nei secoli seguenti[4] che
la cura degli esposti diverrà l'opera che assorbirà la maggior parte delle
entrate del pio istituto, anche per il dilatarsi del fenomeno dell'abbandono
dei minori,[5] in gran parte figli legittimi di famiglie estremamente povere e

---

F. Bianchi, *L'economia delle confraternite devozionali laiche: percorsi storiografici e questioni di metodo*, in *Studi confraternali*, pp. 239-269; G. Piccinni, *El hospital como empresa
de la caridad pública (Italia siglos XIII-XV)*, in *Ricos y pobres: opulencia y desarraigo
en el occidente medieval*, XXXVI Semana de Estudios medievales (Estella, 20-24 luglio
2009), Pamplona 2010, pp. 87-103, e la monografia citata a nota 2.

4. La fonte utilizzata è costituita esclusivamente dai rogiti dei notai a servizio del
precettore dell'ospedale di Santo Spirito, il cui archivio è conservato nell'Archivio di Stato
di Roma, pertanto per le citazioni archivistiche mi limiterò ad indicare soltanto il registro e
la carta. Il tema dell'infanzia abbandonata a Roma è stata da me affrontato più ampiamente
nei seguenti saggi: A. Esposito, *Dalla ruota all' "altare": le proiette dell'ospedale Santo
Spirito di Roma (secc. X-inizio XVI)*, in *I giovani nel Medioevo. Ideali e pratiche di vita*,
Atti del convegno (Ascoli Piceno, 29 novembre-1 dicembre 2012), a cura di I. Lori Sanfilippo, A. Rigon, Roma 2014, pp. 109-120; Ead., *I proietti dell'ospedale Santo Spirito di
Roma: percorsi esistenziali di bambini e famiglie (secc. XV-XVI)*, in *Figli d'elezione. Ado-
zione e affidamento dall'età antica all'età moderna*, a cura di M.C. Rossi, M. Garbellotti,
M. Pellegrini, Roma 2014, pp. 169-199.

5. V. Hunecke, *L'invenzione dell'assistenza agli esposti nell'Italia del Quattrocento*,
in *'Benedetto chi ti porta, maledetto chi ti manda'. L'infanzia abbandonata nel Triveneto
(secoli XV-XIX)*. Atti del convegno (Treviso, 18-20 giugno 1996), a cura di C. Grandi,
Treviso 1997, pp. 273-283: 274. Per un periodo successivo cfr. G. Da Molin, *Nati e abban-

non solo illegittimi nati da prostitute o da ragazze madri indigenti.[6] Per venire incontro alle esigenze economiche del pio istituto, nel 1488 Innocenzo VIII concedeva particolari indulgenze a chi avesse praticato la carità della dotazione oppure a chi avesse allattato o allevato o pagato per il mantenimento di un neonato almeno fino a un anno e mezzo d'età.[7]

Solo due parole sull'organizzazione dell'accoglienza dei proietti, peraltro delineata nei suoi tratti fondamentali già nella regola dell'ordine: i neonati erano nutriti da balie "della Casa", che fornivano loro la prima alimentazione (rub. 95).[8] Appena possibile, tuttavia, l'ospedale preferiva affidarli a balie esterne, molto spesso donne che vivevano in campagna[9] soprattutto nelle località dove il Santo Spirito aveva delle proprietà fondiarie.[10] I bambini rimanevano presso le nutrici – che potevano appartenere a due distinte categorie: balie che allattavano e balie che svezzavano[11] (ma

donati: aspetti demografici e sociali dell'infanzia abbandonata in Italia nell'età moderna, Bari 1993.

6. Si cfr. con quanto avveniva nell'ospedale degli Innocenti di Firenze in L. Sandri, *L'assistenza nei primi due secoli di attività*, in *Gli Innocenti e Firenze nei secoli. Un ospedale, un archivio, una città*, a cura di L. Sandri, Firenze 1996, pp. 59-83: 60.

7. Si veda, ad esempio, anche il caso di Treviso relativo all'indulgenza plenaria concessa da papa Paolo II «a tutti i fedeli disposti a finanziare per un anno l'allattamento di un esposto dell'ospedale» di Santa Maria dei Battuti, che determinò numerose richieste di bimbi in affidamento. Simili privilegi pontifici furono rivolti anche ad altri brefotrofi italiani, cfr. F. Bianchi, *Adottare nella terraferma veneta del Quattrocento: investimenti affettivi, opportunità economiche, benefici spirituali*, in *Pratiche dell'adozione in età medievale e moderna*, a cura di M.C. Rossi, M. Garbellotti, in «Mélanges de l'École française de Rome - Italie et Méditerranée modernes et contemporaines», 124/1 (2021), URL: http://mefrim. revues.org/235, par. 18 (ultimo accesso 28 dicembre 2013).

8. Per il periodo moderno cfr. C. Schiavoni, *Le balie del brefotrofio dell'ospedale di Santo Spirito in Saxia di Roma tra '500 e '800*, in «Archivi e cultura», 25-26 (1992-1993), pp. 175-242. Non mancavano tuttavia donne regolarmente sposate che trovavano conveniente dare a balia i propri figli, guadagnando sulla differenza tra i due salari, oppure madri private del proprio figlio, morto o abbandonato.

9. Sandri, *L'assistenza*, p. 66.

10. In una bolla di Clemente VII, datata 22 novembre 1528, il pontefice, nell'enumerare i danni arrecati all'ospedale dal Sacco dei Lanzichenecchi del maggio 1527, ricordava – certamente amplificando – che prima di quel disastroso evento erano circa un migliaio le nutrici stipendiate dal S. Spirito a 12 ducati l'anno ognuna e valutava a circa 80.000 ducati il fabbisogno dell'ospedale per portare avanti l'insieme delle sue opere assistenziali, cfr. Roma, Biblioteca Lancisiana, ms. 368, *Bullarium S. Spiritus in Saxia de Urbe*, pp. 483-513, in particolare p. 484.

11. Cfr. Sandri, *L'assistenza*, p. 60.

spesso una balia faceva tutte e due le cose) – al massimo fino all'età di
sette anni, quindi tornavano nell'ospedale dove restavano fino a che non
trovavano una collocazione esterna: i maschi[12] venivano affidati per lo più
a famiglie di artigiani e avviati così all'apprendimento di un mestiere; per
le femmine l'inserimento nella società avveniva attraverso il servizio domestico e il matrimonio, altrimenti restavano nell'ospedale sia allo stato
laico sia – in numero molto contenuto – come suore dell'ordine.[13]

È proprio la fase del reintegro sociale degli esposti[14] che interessa
in questa sede, in quanto in essa è riscontrabile una preoccupazione –
da parte dell'ente ospedaliero – non solo per la sopravvivenza ma soprattutto per l'inserimento e in certi casi la promozione sociale di questi
sfortunati bambini, destinati altrimenti a morire di stenti o a infoltire la
variegata categoria dei *pauperes* e dei marginali. Esaminiamo dunque
alcuni casi tratti dai registri delle imbreviature dei notai del Santo Spirito[15] e in primo luogo lo strumento giuridico utilizzato dall'ospedale per
le sue finalità: l'*adoptio*. Senza entrare nei dettagli,[16] credo sia sufficiente

12. Risiedevano in un'ala dell'ospedale chiamata *scola proiectorum*, cfr. reg. 218, c. 9r.

13. Per le fanciulle era riservata un'apposita residenza nell'ospedale chiamata nel
Cinquecento "Conservatorio delle proiette", cfr. S. Dominici, *Un'istituzione assistenziale
pubblica nella Roma dei papi: il conservatorio delle proiette dell'ospedale di Santo Spirito
in Saxia (secoli XVI e XVII)*, in «Rivista di Storia della Chiesa in Italia», 55 (2001), pp.
19-58: 30-33.

14. Non è possibile dar conto in questa sede dell'ormai corposa bibliografia in materia.
Si cfr. almeno G. Albini, *Città e ospedali nella Lombardia medievale*, Bologna 1993; M.
Martellucci, *I bambini di nessuno. L'infanzia abbandonata al S. Maria della Scala di Siena
(secoli XIII-XV)*, in «Bullettino senese di storia patria», 108 (2001), pp. 9-221; L. Sandri,
*La specializzazione ospedaliera fiorentina: gli Innocenti e l'assistenza all'infanzia (XV-XVI
secolo)*, in *Ospedali e città. L'Italia del Centro-Nord, XIII- XVI secolo*, Atti del Convegno
internazionale di studio tenuto presso l'Istituto degli Innocenti e Villa i Tatti (Firenze, 27-
28 aprile 1995), a cura di A. J. Grieco, L. Sandri, Firenze 1997, pp. 51-65; *L'adoption.
Droits et pratiques*, a cura di D. Lett, C. Lucken, in «Médiévales», 35 (1998) http://www.
persee.fr/web/revues/home/prescript/article/medi_0751-2708_1998_num_17_35_1424; F.
Bianchi, *La Ca' di Dio di Padova nel Quattrocento. Riforma e governo di un ospedale per
l'infanzia abbandonata*, Venezia 2005, e ora Id., *Adottare nella terraferma veneta*; e i saggi
in *Pratiche dell'adozione* e in *Figli d'elezione*.

15. Utilizza in modo particolare la fonte notarile ospedaliera (atti dal 1500 al 1518)
S. Marino, *I "figli d'anima" dell'Annunziata di Napoli in età moderna*, in *Pratiche
dell'adozione*: https://mefrim.revues.org/300.

16. Cfr. J. Goody, *Adoption in Cross-cultural perspective*, in «Comparative Studies in
Society and History», 11/1 (1958), pp. 55-78; *Adoption et forestage*, a cura di M. Corbier,
Paris 1999.

ricordare come «la stessa definizione usata nei contratti come sinonimo (*adoptio, datio, cessio* etc.) poteva riguardare anche accordi diversi, a riprova della difficoltà di inquadrare in modo corretto questi documenti, riconducibili sostanzialmente a tre tipologie di contratti: adozioni nel senso moderno del termine; contratti di lavoro, affidamenti temporanei per l'acquisizione di benefici spirituali.[17]

Dai registri notarili esaminati finora sono stati ricavati 245 atti di affidamento/adozione (190 femmine e 55 maschi) relativi soprattutto al periodo 1488-1531.[18] Nella casistica offerta dagli atti del Santo Spirito non s'incontrano quasi mai adozioni a pieno titolo e neppure, se non per pochi casi di cui darò conto, quelle che sono state definite da Giuliana Albini «quasi-adozioni»,[19] ma troviamo soprattutto affiliazioni e affidamenti, fino alle nozze per le ragazze e fino ad una sistemazione nel mondo del lavoro per i ragazzi, fatto questo che rappresenta comunque una progressione sociale rispetto allo stato di abbandono e di prevedibile indigenza per il futuro. Infatti, su 245 affidi documentati, solo 15 (di cui 10 relativi a bambini[20] – alcuni anche molto piccoli[21] – e solo 5 a bambine) fanno riferimento al proietto come ad un erede universale o erede di parte dei beni della famiglia d'accoglienza, disposizione sempre confermata da una *donatio inter vivos* dei predetti beni (anche se con riserva dell'usufrutto vita natural durante da parte degli affidatari)[22] e presa di solito da persone che dichiarano di essere privi di figli propri.

Qualche esempio. Determinati a procedere ad una vera adozione sono due coniugi, Aloisio e Angela, che «adoptaverunt et in adotionem seu arrogationem acceperunt» una proietta di nome Alessandra, che prometto-

---

17. Cfr. Bianchi, *Adottare nella terraferma veneta*.

18. La serie degli *instrumenta* dei notai dell'ospedale S. Spirito non è ordinata cronologicamente e anche all'interno di uno stesso registro a volte si trovano rilegati insieme fascicoli di notai diversi e di anni diversi. Per il periodo precedente al 1488 rimangono solo 6 contratti di affido e 36 atti nuziali.

19. G. Albini, *Dall'abbandono all'affido: storie di bambini nella Milano del tardo Quattrocento*, in *Pratiche dell'adozione*: https://mefrim.revues.org/243; ma si veda anche A.C. Moro, *L'adozione speciale*, Milano 1976, p. 76.

20. Ugualmente per Milano, cfr. Albini, *Dall'abbandono all'affido*, § 32.

21. Reg. 199, c. 58r (proietto di circa 1 anno), c. 116r (neonato); reg. 193, c. 141rv, a. 1499.

22. Per le donazioni *inter vivos* ai proietti cfr. L. Sandri, *Formulari e contratti di adozione nell'ospedale degli Innocenti di Firenze tra tardo Medioevo ed Età moderna*, in *Pratiche dell'adozione*: https://mefrim.revues.org/281, § 7.

no «tractare ut filiam suam propriam», dotarla ed «heredem instituere in omnibus eorum bonis» e in particolare di una loro casa sita in Campo de' Fiori.[23] Lo stesso sentimento è condiviso dalla romana Gregoria vedova di Giovanni Battista *de Ottonibus*, che nel 1510 si fa affidare dal precettore un bambino chiamato Menico con legittimo «adoptionis actu ad solacium eorum qui filios non habent invento», che peraltro nel formulario non si discosta da quelli di affidamento.[24]

Già dagli esempi ora proposti è chiaro che «l'affido non significava necessariamente per il bambino trovare 'una famiglia', ossia la presenza di un padre e di una madre [...]».[25] In prevalenza – come avveniva in altre città, ad esempio Firenze o Milano – anche a Roma ad avere l'affidamento di un minore poteva essere un uomo oppure una donna, senza nessun riferimento al fatto che fossero persone sposate, le quali peraltro appaiono come affidatari meno di quanto ci saremo potuti aspettare. Spicca inoltre un buon numero di ecclesiastici (preti, canonici e vescovi) e soprattutto di curiali (anche di alto livello), oltre a persone dei più vari ceti sociali che prendono in affido per lo più bambine[26] – di norma dai sei anni ai dieci.[27]

Tra i nomi degli affidatari non mancano personaggi appartenenti a famiglie di spicco della società romana del tardo Quattrocento, come i Margani,[28]

23. Reg. 226, fasc. agg. 1534, cc. 9rv.

24. Reg. 218, II parte, c. 81v, 1510 giugno 1. In casi come questi, a volte nel contratto si trova l'esplicita concessione da parte del precettore al genitore adottivo di «omne ius quod dicto hospitali [...] competebat» sul minore, e non vi è dubbio che nel Santo Spirito era il precettore dell'ospedale che, come il priore degli Innocenti a Firenze, esercitava «la patria potestà sui fanciulli affidati alle sue cure, in quanto membri della grande 'famiglia' ospedaliera». Sul problema del trasferimento della patria podestà dal priore di un ospedale a un genitore adottivo, negata da alcuni storici come T. Kuen (*L'adoption à Florence à la fin du Moyen Âge*, in «Médievales», 35 [1998], pp. 69-81: 71), cfr. Sandri, *Formulari e contratti di adozione*, § 4.

25. Albini, *Dall'abbandono all'affido*, capoverso 28.

26. Nel caso in cui sia una donna ad ottenere l'affidamento, può essere semplicemente indicato il suo stato coniugale, ma a volte (sia nello stesso documento sia con un successivo atto) si fa riferimento ad un'esplicita accettazione da parte del marito, una ulteriore garanzia per il mantenimento del minore e per il pagamento della dote in caso di bambine, cfr. ad esempio, reg. 216, cc. 23r (a. 1488), 64v (a. 1489); reg. 194, c. 61v (a. 1501).

27. Nei registri esaminati purtroppo l'età dei proietti non è sempre espressa.

28. Nel 1514 Paulina figlia di Ludovico Margani prende dapprima Benedetta, proietta di 10 anni (reg. 206, c. 14v) e nel 1520 Francesca pure di 10 anni (ivi, reg. 200, c. 297r). Cristofora Margani, moglie di Carlo *de Ingratis* (ovvero Grati) *de Bononia* il 24 maggio

i Casali,[29] i Capodiferro,[30] gli Iacovacci;[31] mentre compaiono solo tre esponenti della nobiltà baronale (i *magnifici viri* Orsino Orsini,[32] Giulio Vitelleschi[33] e Giulio Conti *dominus terre Poli*[34]). Più numerosi sono gli affidatari non romani, che rivestirono ruoli di primo piano nella Curia pontificia: tra i tanti ecclesiastici[35] spiccano diversi canonici della basilica di San Pietro, diversi familiari di papa Borgia, tra cui il suo cubiculario segreto Francesco Capagres[36] e il venerabile *Iohannes Coritius*, il noto umanista di Treviri, «causarum sacri palatii apostolici notarius».[37] Tra i curiali laici ricordo il segretario e notaio apostolico Paolo *Blondus*, discendente dal famoso Flavio,[38] gli avvocati di Curia Nicolò da Lucca *habitator Urbis*,[39] diversi cursori papali e scrittori apostolici.

1516 prende Alessandra di 6-7 anni (reg. 200, cc. 33v-34r), ma dopo solo una settimana la riporta all'ospedale «quia dicta proiecta non contentatur», come avverte una nota marginale al contratto di affidamento. Su questa donna cfr. I. Ait, *Un'imprenditrice nella Roma del Rinascimento*, in *Per Gabriella. Studi in ricordo di Gabriella Braga*, a cura di M. Palma, C. Vismara, Cassino 2013, pp. 9-26.

29. A Giovanni Battista Casali viene affidata una neonata, reg. 194, c. 120v, a. 1502.

30. Lelio Capodiferro prende con sé Ponziana di circa 9 anni, reg. 197, c.158r, a. 1506.

31. A Domenico di Cristoforo Iacovacci nel 1506 è affidata Francesca di 8 anni (reg. 199, c. 56r). Nel 1514 riceve in affido Parmisana di 10 anni (reg. 206, c. 14v). Risiedeva presso la dogana di Sant'Eustachio.

32. Nel 1505 Orsino Orsini prende con sé Imperia, di anni 10 «vel circha prout ex illius aspectu apparebat et verisimiliter videbatur», reg. 199, c. 18v.

33. A Giulio Vitelleschi viene data in affidamento una bambina (reg. 193, c. 18v). L'atto risulta cassato «quod puella rediit ad hospitalem et noluit morari quam duas dies cum domino Iulio». In questo atto al posto del precettore dell'ospedale agisce «domina Salvagina nutrix et matrona proiectorum in hospitale S. Spiritus de Roma».

34. Agisce per lui assente il suo cancelliere Iacobo Coccia *de Guidobonis de Palliano*, che riceve dal precettore Flora di 10 anni (reg. 200, c. 331r).

35. Nel *dossier* compare anche Stefano Gottifredi, vescovo di Catanzaro, e la sorella, che prendono con loro Clarice (reg. 216, c. 71v, a. 1489), e il canonico di Santa Maria Maggiore Girolamo *de Vetula* che prende in affido il piccolo Scolastico, che s'impegna a «tamquam filium custodire et gubernare et in nullo sibi deficere sicut proprio filio» (reg. 218, c. 9r, a. 1514). Ulteriori dettagli in Esposito, *I proietti dell'ospedale*, pp. 180-181.

36. La bambina si chiama Caterina ed è accudita da due coniugi spagnoli parenti del Capagres, reg. 193, c. 255r, a. 1500.

37. Nel 1502 prende in affido Santa di 10 anni (reg. 194, c. 143v).

38. Nel 1531 prende con sé Pietro, proietto di circa 8 anni (reg. 226, c. 85r); sulla sua carriera curiale cfr. Frenz, *Die Kanzlei der Päpste*, p. 420 nr. 1810.

39. Prende Bernardina proietta di circa 10 anni, reg. 193, c. 26r.

Non mancano esponenti di altre onorevoli professioni: così l'*artium et medicine doctor* Berardo da Matelica;[40] Antonio de la Casa *mercator florentinus Romana Curia sequens*;[41] il famoso orefice milanese Pompeo *de Capitaneis* nel 1527 pesatore della Zecca;[42] etc. Per tutti costoro (sia laici che ecclesiasti, di medio e alto livello sociale), tranne pochissime eccezioni, la richiesta di affidamento è relativa a bambine, che avrebbero assicurato assistenza e aiuto domestico e avrebbero ricevuto – al termine del periodo pattuito – una dote di 100 fiorini correnti, mentre – come vedremo tra poco – è il ceto artigiano che richiede in affido soprattutto bambini, da avviare in futuro ad esercitare il loro mestiere.

Non posso soffermarmi ora sulle motivazioni che portavano uomini e donne dei più diversi strati sociali ad accogliere un bambino abbandonato. Basti dire che, oltre alla motivazione devozionale (*ex devotione; magna affectione ad hospitale S. Spiritus; pro remissione peccatorum et amore Dei*; etc.), a volte troviamo il riferimento alla mancanza di figli, sia in generale[43] (molto rivelatore il caso di Guglielmo borgognone che «non habet filios ex Margarita uxore sua neque alio modo»),[44] sia di figli maschi in particolare (da segnalare il caso di una coppia residente nel castello di San Gregorio di Sassola, vicino a Tivoli, con molte figlie femmine ma «carentes filiis masculis», che nel febbraio 1489 adotta un proietto da loro svezzato con

---

40. Reg. 194, c. 37r, a. 1501. Gli è concesso in affido un ragazzo di 13 anni, Antonio Francesco, e «ipsum accepit ad educandum, docendum, instruendum, manutenendum, calziandum et vestiendum suis sumptibus».

41. Gli viene affidata Mattea proietta di circa 10 anni, reg. 200, c.1r, a. 1515.

42. Nel 1526 prende Giovanna di 8 anni. Nell'atto è definito *aurifex in loco Pellegrini* (reg. 204, c. 31v) e infatti è noto che dall'agosto 1521 al maggio 1531 egli abitava a piazza del Pellegrino, in una casa del monastero di Sant'Agostino. Con breve di Clemente VII del 7 gennaio 1527, fu nominato pesatore della Zecca, incarico che gli venne confermato il 31 ottobre 1532. Il 26 settembre 1534 fu ucciso da Benvenuto Cellini con due coltellate presso Santa Lucia della Chiavica. Su questo personaggio cfr. A. Uguccioni, *De Capitaneis, Pompeo*, in *Dizionario biografico degli italiani*, XXXIII, Roma 1987, pp. 444-445.

43. Da parte delle autorità ospedaliere, questa era una condizione ritenuta ottimale e che faceva presupporre una più ampia possibilità d'integrazione del proietto nella nuova famiglia, cfr. ad esempio reg. 194, c. 144r, a. 1502.

44. Reg. 193, c. 105r, 1498 novembre 24: Guglielmo prende come figlio adottivo Nicolò di circa 5 anni. Il 25 gennaio 1499 lo restituisce all'ospedale per minacce ricevute dal padre naturale del piccolo e prende un altro bambino di nome Giulio (ivi, c. 112v). Il successivo 21 marzo Nicolò viene riaffidato nuovamente a Guglielmo per volontà del padre naturale, che non era in grado di mantenerlo (ivi, c. 117r).

l'intenzione di farlo sposare a una delle figlie e di nominarlo erede di tutti i loro beni, dopo aver maritato le altre figlie).[45]

La richiesta di proietti di sesso maschile (circa 1/5 del totale degli affidi schedati: 55 su 245) proveniva soprattutto da esponenti del ceto artigiano e più genericamente dal ceto medio costituito da un'ampia gamma di professionisti (mercanti, speziali, librai, pittori, etc.),[46] richiesta che potrebbe essere motivata dalla necessità di avere un collaboratore fidato nell'esercizio del loro mestiere. Nella maggioranza dei casi schedati infatti l'affidatario si impegnava a insegnare al bambino il mestiere da lui esercitato, oppure semplicemente ad «instruere in aliqua arte vel instrui facere». Con frequenza prometteva anche di fornire al minore un'istruzione di base («ad scolas litterarum ponere; instruere in litteris» etc.),[47] oltre a lasciargli una certa somma come eredità o al termine del periodo trascorso presso di lui (da 20 a 100 ducati d'oro).[48] Così tanto per fare un solo esempio, nel dicembre 1500 Diomede *carpentarius* prometteva non solo di tenere, educare, vestire e mantenere il piccolo Sebastiano «gratis et amore Dei» ma anche «eum docere exercitium suum et ipsum caritative tractare ut filium, et eum ad scholam mictere et pro parte sua sibi subvenire ita quod discat litteras videlicet legere et scribere et deinde exercitium suum docere».[49]

I proietti di sesso maschile erano richiesti anche da persone appartenenti ad altri ambienti. Tra gli affidatari non mancano infatti curiali (chierici e laici) oppure esponenti dell'aristocrazia cittadina, oppure forestieri. Tra i chierici, valga per tutti il caso del venerabile Crispo Soppen, chierico di Cambrai in Francia e cantore della cappella papale, che prometteva al precettore del Santo Spirito di «educare, nutrire et in cantum et litteris instruere» a sue spese il proietto Giovanni Battista di 8 anni, che egli ha richiesto al precettore «in filium adoptivum»[50] e che forse aveva già qualche rudimento musicale appreso all'interno dell'ospedale, dove era impartito l'insegnamento della musica e del canto ai proietti,[51] non solo per incre-

---

45. Reg. 193, c. 69v, a. 1489 febbraio 11.
46. Anche questa, certamente, non una particolarità romana: cfr. per Napoli, Marino, *I figli d'anima*, capoverso 42, p. 254.
47. Cfr., ad esempio, reg. 216, c. 56v, a. 1488.
48. Ma lo stesso si riscontra da parte di altri enti assistenziali, come ad esempio gli Innocenti di Firenze: cfr. Sandri, *L'assistenza*, pp. 75-80.
49. Reg. 193, c. 259r.
50. Reg. 194, c. 35r, a. 1501.
51. Sandri, *L'assistenza*, pp. 72-73.

mentare di voci la «schola cantorum» dell'ospedale,[52] ma per avviare i più dotati a un onorevole mestiere.[53] Infine in nessun atto si dichiara esplicitamente di voler avviare il minore alla vita ecclesiastica o religiosa, forse a causa del «defectus natalis», anche se una dichiarazione del precettore Pio della Rovere, datata 6 gennaio 1489, fa pensare che ciò fosse possibile, almeno per l'ordine del Santo Spirito.[54]

Per quanto riguarda le trovatelle, i genitori affidatari erano obbligati, oltre che a garantire il loro mantenimento, anche a vestirle adeguatamente, a dar loro una buona educazione, a provvederle di un marito che fosse onesto e di buona fama,[55] e di una dote (in denaro e in corredo) ammontante almeno a 100 fiorini correnti (ovvero circa 40-45 ducati d'oro). Solo qualche breve cenno sui loro percorsi esistenziali. Nei contratti di affidamento delle bambine solo in pochi casi sono contenuti espliciti riferimenti all'aiuto domestico, elemento che potrebbe farli assimilare ai contratti di famulato.[56] Poiché le bambine entravano nelle famiglie affidatarie in media tra i 6 e i 9 anni, il periodo lavorativo era di circa una decina d'anni.

Senza dubbio, la principale finalità del Santo Spirito era reinserire le proiette nella società con il matrimonio, sia quelle date in affido sia quelle rimaste nel "conservatorio delle zitelle" e a questo scopo organizzava tre pro-

---

52. Sull'insegnamento della musica e del canto ai trovatelli (maschi e femmine) del Santo Spirito anche da parte di famosi maestri come Zaccara da Teramo, cfr. A. Esposito, *Maestro Zaccara da Teramo "scriptore et miniatore" di un antifonario per l'ospedale di S. Spirito in Sassia di Roma*, in «Recercare. Rivista per lo studio e la pratica della musica antica», 4 (1992), pp. 167-177. L'attività canora sarà potenziata durante l'età moderna, cfr. P. De Angelis, *Musica e musicisti nell'Arcispedale di Santo Spirito in Saxia dal Quattrocento all'Ottocento*, Roma 1950.

53. A. Canezza, *Il pio Istituto S. Spirito e ospedali riuniti di Roma*, Roma 1933, p. LVI.

54. Cfr. reg. 216, c. 65r. Su questo tema si veda M.C. Rossi, *Chierici padri. Forme di adozione e di affidamento presso il clero basso-medievale*, in *Figli d'elezione*, pp. 149-168.

55. Come si legge ad esempio nel reg. 198, c. 187r, a. 1510.

56. L'onere di trovare un marito adeguato spettava alla famiglia affidataria. Esemplare un contratto di *fidantie* del 1505: in casa del nobile giovane Giacomo di Marco Capogalli viveva la proietta Pacifica, definita *pedissequa*, che Giacomo, definito *patronus* della ragazza, promette in moglie al maestro muratore Giovanni con una dote di 60 fiorini, di cui 50 lasciati a Pacifica dal defunto Marco Capogalli nel suo testamento, per onorare la promessa fatta a frate Costanzo, un tempo precettore del Santo Spirito, e inoltre con il corredo costituito da una veste di panno fiorentino, un panno listato, sottane, un paio di lenzuola (che già usa) e inoltre una cassa con camicie e altri beni conservati da Brigida, madre di Giacomo, cfr. reg. 197, c. 27r.

cessioni all'anno a San Pietro a cui partecipava tutta la *familia* dell'ospedale, compresi i trovatelli, maschi e femmine.[57] Certamente non era l'avvenenza muliebre a rendere appetibili le nozze con una trovatella bensì la dote erogata loro dall'ospedale.[58] I 100 fiorini correnti (in cui di solito era compreso anche il costo del corredo)[59] erano un incentivo per giovani uomini, soprattutto residenti nell'*interland* romano, in particolare nei castelli e borghi dove le bambine erano state allevate e dove il Santo Spirito aveva delle terre o altri beni immobili, per lo più ricevuti come legati testamentari da benefattori. In molti casi, proprio piccoli appezzamenti di terra costituivano la dote di queste ragazze e il motivo che le rendeva interessanti sul mercato matrimoniale locale. Un padre di Acquapendente fece sposare ai suoi quattro figli altrettante proiette del Santo Spirito, che portarono in dote quattro pezzi di terra limitrofi, così da formare un bel campo coltivabile e per di più vicino a quello già di proprietà della famiglia.[60] Dunque il Santo Spirito – diversamente dalla confraternita della Santissima Annunziata, che poneva la residenza in città come «condizione tassativa per godere delle risorse dotali»[61] –, per molte

57. Le tre processioni delle proiette avvenivano in occasione della seconda domenica dopo l'Epifania, della festa di San Marco il 25 aprile e la prima domenica dopo la Pentecoste. Per una più ampia informazione sul tema delle nozze per le fanciulle abbandonate cfr. Esposito, *Dalla ruota all'"altare"*.

58. Cfr. ad esempio, I. Chabot, *Per "togliere dal pericolo prossimo l'onestà delle donzelle povere". Aspetti della beneficenza dotale in età moderna*, in *L'economia della carità. Le doti del Monte di pietà di Bologna (secoli XVI-XX)*, a cura di I. Chabot, M. Fornasari, Bologna 1997, pp. 13-132; Ead., *La beneficenza dotale nei testamenti del tardo medioevo*, in *Povertà e innovazioni istituzionali in Italia. Dal medioevo ad oggi*, a cura di V. Zamagni, Bologna 2000, pp. 55-76.

59. Nel 1471 ad ognuna delle proiette Martina, Cristofora e Paulina venne dato il seguente acconcio quando andarono a casa del marito: «calze, pianelle, intrecciatore, centura, vestito per la domenica, guarnello, vestito *da honore*, lino cioè lib. 5 e ½ per lu pannu listato, camise 2, lenzola uno paro, lecto cioè materazzo, capezzale, 2 coltra etc.», reg. 210, c. 167r.

60. Reg. 215, c. 80r, 1475 dicembre 26.

61. C. D'Avossa, *Beneficenza dotale e* forenses *a Roma: il caso della confraternita della SS. Annunziata alla Minerva (secc. XV-XVI)*, in *Venire a Roma, restare a Roma. Forestieri e stranieri fra Quattro e Settecento*. Seminario di ricerca (Roma, 22-23 ottobre 2015), a cura di S. Cabibbo, in corso di stampa; Ead., *Mobilità e assistenza dotale*, in questo volume. Su questa confraternita e la sua 'carità' verso le ragazze povere ma oneste cfr. A. Esposito, *Le confraternite del matrimonio. Carità, devozione e bisogni sociali a Roma nel tardo Quattrocento (con l'edizione degli Statuti vecchi della Compagnia della SS. Annunziata)*, in *Un'idea di Roma. Società, arte e cultura tra Umanesimo e Rinascimento*, Roma 1993, pp. 7-51.

delle sue «figlie» disegnava un destino non romano, ma pur sempre sotto il controllo dell'ospedale, che si teneva sempre aggiornato sui percorsi di vita delle ragazze anche dopo il matrimonio, per contrastare possibili abusi e per recuperare la loro dote nel caso di morte senza figli viventi.

L'altro mezzo di promozione sociale che intendo mettere in evidenza è legato al mondo dell'istruzione superiore, ed è rivelatore dei complessi rapporti che anche in questo campo intercorrevano tra gli ambienti ecclesiastici e la società romana, rappresentata dalla sua associazione confraternale più prestigiosa e attiva, il sodalizio del Santissimo Salvatore.[62] Mi riferisco alle possibilità offerte dai collegi fondati a Roma nel secondo Quattrocento dai cardinali Domenico Capranica e Stefano Nardini per permettere a studenti poveri ma volenterosi di raggiungere, insieme al sacerdozio, il dottorato in teologia o in diritto canonico, fondazioni che i due alti prelati avevano affidato – e questo è veramente poco frequente per istituzioni rivolte alla formazione di personale ecclesiastico – alla diretta giurisdizione sia delle magistrature cittadine (i Conservatori e i 13 capiregione), sia del laicato più autorevole, nelle persone dei guardiani della citata confraternita, incaricati dell'effettivo controllo della vita collegiale.[63]

In passato, gli studiosi hanno riservato una certa attenzione ai collegi universitari come fattori di mobilità sociale, nel quadro dell'interesse al tema dello studente povero (a sua volta all'interno delle ricerche sulla storia della povertà). Questo interesse è stato molto vivo nella storiografia degli anni Sessanta e Settanta del secolo scorso. Basti pensare ai rapidi ma come sempre illuminanti cenni di Jacques Le Goff in un saggio sui costi degli studi universitari poi raccolto in *Tempo della Chiesa e tempo del mercante*[64] e all'ampio lavoro di Jacques Paquet, che proponeva un dettagliato

62. Su questo famoso sodalizio romano cfr. P. Pavan, *Gli statuti della Società dei Raccomandati del Salvatore ad Sancta Sanctorum*, in «Archivio della Società Romana di Storia Patria», 101 (1978), pp. 35-96; Ead., *La confraternita del Salvatore nella società romana del Tre-Quattrocento*, in «Ricerche per la storia religiosa di Roma», 5 (1984), pp. 81-90.
63. A. Esposito, *Le Sapientie romane: i collegi Capranica e Nardini e lo Studium Urbis*, in *Roma e lo Studium Urbis. Spazio urbano e cultura dal Quattro al Seicento*, Atti del Convegno (Roma, 7-10 giugno 1989), Roma 1992, pp. 40-68; A. Esposito, C. Frova, *Collegi studenteschi a Roma nel Quattrocento. Gli statuti della "Sapienza Nardina"*, Roma 2008.
64. J. Le Goff, *Dépenses universitaires à Padoue au XV* siècle, in «Mélanges d'archéologie et d'histoire», 68 (1956), pp. 377-395, rist. in Id., *Pour un autre moyen âge:*

questionario per un programma di ricerca sulla povertà degli universitari, che ovviamente si interrogava anche sulla funzione di promozione sociale svolta dai collegi.[65] Oggi questo aspetto appare piuttosto trascurato, e si tende ad accettare l'idea che la proclamata intenzione dei fondatori di collegi di assicurare buone carriere a giovani meritevoli ma sprovvisti di mezzi abbia scarso riscontro nelle concrete dinamiche sociali. Ciò vale soprattutto per l'Italia, dove i collegi sono ben documentati dalla seconda metà del Trecento in poi,[66] cioè per un periodo che vede l'università ormai largamente interessata da fenomeni di chiusura in senso sociale; e dove i collegi, a differenza di quanto accade al di là delle Alpi, sono molto piccoli, e quindi – anche nel caso che ospitassero effettivamente studenti poveri –, impossibilitati ad avere effetto sulla storia sociale dal punto di vista quantitativo.

Tuttavia la documentazione dei collegi offre almeno una opportunità che merita di essere valorizzata in una prospettiva di storia della mobilità sociale: quella di seguire le vicende di singoli personaggi per i quali si può ipotizzare che il soggiorno in collegio costituisca una tappa importante della carriera e del successo sociale. È in questo senso quindi che il piccolo campione di "studenti poveri" dei nostri due collegi acquista una peculiare importanza nel contesto romano, dove allo stato attuale delle ricerche[67] si

temps, travail et culture en Occident, Paris 1977, pp. 147-161, trad. it. *Spese universitarie a Padova*, in Id., *Tempo della Chiesa e tempo del mercante e altri saggi sul lavoro e la cultura nel Medioevo*, Torino 1977, pp. 115-131.

65. J. Paquet, *L'universitaire pauvre au moyen âge: problèmes, documentation, questions de méthode*, in *Les universités à la fin du moyen âge*, Actes du Congrès international (Louvain, 26-30 maggio 1975), a cura di J. Paquet, J. Ijsewijn, Louvain 1978, pp. 399-425.

66. Per un panorama d'insieme, è necessario far riferimento ancora al lavoro di P. Denley, *The Collegiate Movement in Italian Universities in the Late Middle Ages*, in «History of Universities», 10 (1991), pp. 29-91; per un confronto con i collegi bolognesi e perugini, che costituiscono naturali punti di riferimento per le fondazioni romane, v. Esposito, Frova, *Collegi studenteschi*, pp. 28-41, dove si troverà indicata la bibliografia relativa a singole sedi italiane.

67. P. Cherubini, *Studenti universitari romani del secondo Quattrocento a Roma e altrove*, in *Roma e lo Studium*, pp. 101-132. Importanti ricerche in corso indicano la possibilità di ampliare notevolmente la prosopografia degli studenti del Collegio Capranica, cfr. S. Negruzzo, *Il collegio Capranica tra Umanesimo e Rinascimento*, in *La storia delle università alle soglie del XXI secolo. La ricerca dei giovani studiosi tra fonti e nuovi percorsi d'indagine*, Atti del Convegno internazionale di studi (Aosta, 18-20 dicembre 2006), a cura di P. Gheda, M.T. Guerrini, S. Negruzzo, S. Salustri, Bologna 2008, pp. 329-343.

può dire che i collegiali delle Sapienze Capranica e Nardini rappresentino quasi i soli studenti conosciuti tra quelli che seguivano i corsi presso lo *Studium Urbis*.

Ma vi è di più: i due collegi – e anche questa è un'altra peculiarità delle nostre fondazioni – per volontà dei fondatori erano espressamente rivolti ad un'utenza prevalentemente romana o tutt'al più laziale. Infatti sia per la trentina di studenti del Capranica che per i venti del Nardini, per quanto attiene al reclutamento, i posti erano destinati solo in parte a fore- stieri, come generalmente accadeva altrove, e invece, in misura rilevante, a studenti scelti dalle istituzioni municipali romane (venti nel Capranica e otto nel Nardini), dunque a cittadini di Roma e, nel caso del Capranica, anche agli abitanti della regione circostante.[68]

Infatti i meccanismi e le clausole del reclutamento sono noti sia attra- verso le Costituzioni, sia tramite i registri di instrumenti della confraternita del Santissimo Salvatore, che riportano anche i nomi di un buon numero di studenti, tra cui erano scelti i rettori e i consiglieri. Sono proprio i registri della confraternita che soprattutto illuminano sulle personalità emergenti tra la popolazione studentesca, sebbene sia poi la ricerca prosopografica sui singoli individui che può fornire indicazioni sui loro percorsi di vita e sui successi in termini di carriera e rilievo sociale. Per alcuni collegiali la ricerca ha dato buoni frutti: tra coloro che da poveri studenti raggiunsero traguardi importanti, si fanno notare soprattutto due personaggi: Nicolò Bonafede, che diverrà nel 1492 dottore *in utroque iure* presso lo *Studium Urbis*, poi vescovo di Castro e governatore di Roma, che durante il suo anno di rettorato nel Collegio Capranica, nel 1486, fu promotore di una riforma all'interno del collegio e di altre iniziative, tra cui la redazione di un nuovo inventario della biblioteca;[69] e Giovanni Guarino da Capranica, pure rettore del Collegio Capranica (dal 1476 al 1479), successivamente *legum doctor*, curatore dell'edizione del *Digestum novum* pubblicata da

---

68. Esposito, Frova, *Collegi studenteschi*.
69. Sul Bonafede cfr. M. Leopardi, *Vita di Nicolò Bonafede, vescovo di Chiusi*, Pesaro 1832 e R. Zapperi, *Bonafede, Nicolò*, in *DBI*, XI, Roma 1969, pp. 492-495. Durante il suo rettorato, fece redigere l'inventario dei libri della biblioteca collegiale, oggi conservato in BAV, Vat. lat. 8184, cc. 48r-71v. Alle cc. 2r-45v è una precedente stesura dell'inventario, mentre alle cc. 45v-46v è un breve inventario di beni mobili del collegio. La biblioteca di Domenico Capranica, da lui destinata al Collegio, era una delle più cospicue del suo tempo, con i suoi 387 volumi, che raccoglievano 10.749 opere, come si legge nell'inventario stesso a c. 71v.

Vito Puecher nel 1476, e docente allo *Studium Urbis* nel 1473-1474 e poi ancora nel 1483-1384 come lettore ordinario di diritto canonico, e quindi delle Decretali.[70] Prima di concludere, un altro elemento mi preme di sottolineare nel rapporto mobilità sociale/collegi, ed è la possibilità per gli studenti collegiali – non diversamente peraltro da quelli universitari – non solo di acquisire un'alta qualificazione professionale, ma anche di entrare in una rete di relazioni con personalità di primo piano sia sul piano culturale che "politico". In più, per i nostri collegiali, poteva stabilirsi un legame privilegiato con membri della famiglia dei fondatori, foriero di ulteriori possibili sviluppi. A questo proposito è particolarmente significativo il fatto che alcuni membri della famiglia Capranica, molto legati all'istituzione collegiale, fossero presenti in vario modo sia nella vita culturale romana sia nella compagine universitaria. Il più rappresentativo è certamente Nicolò Capranica, per diversi anni rettore dello *Studium Urbis*, indicato, non a caso, dallo zio Domenico come l'esponente della famiglia, dopo il fratello Angelo, che avrebbe dovuto seguire e proteggere la nuova "sapienza" collegiale.[71]

70. Su questo personaggio cfr. M.C. Dorati da Empoli, *I lettori dello Studium e i maestri di grammatica a Roma da Sisto IV ad Alessandro VI*, in «Rassegna degli Archivi di Stato», 40 (1980), p. 98-147: 113; e soprattutto A. Modigliani, *La tipografia «apud Sanctum Marcum» e Vito Puecher*, in *Scrittura, bibliotheche e stampa a Roma nel Quattrocento*, Atti del II Seminario (6-8 maggio 1982), a cura di M. Miglio con la collaborazione di P. Farenga e A. Modigliani, Città del Vaticano 1983, pp. 111-133, in particolare pp. 119-120. Nel 1485 Giovanni Guarino è uno dei tredici *boni viri* della confraternita del Salvatore che approvano la nomina del nuovo rettore del Collegio Capranica, cfr. ASR, *Ospedale del Salvatore*, reg. 28, c. 51r.

71. Nicolò, figlio di Antonio, fu nel 1458 nominato vescovo di Fermo. Per la sua carriera universitaria cfr. F.M. Renazzi, *Storia dell'università degli studi di Roma*, I, Roma 1803, rist. anast. Bologna 1971, p. 204; M. Miglio, *Capranica, Nicolò*, in *DBI*, XIX, Roma 1976, pp. 161-162.

CLAUDIA D'AVOSSA

Mobilità sociale e assistenza dotale a Roma (secoli XV-XVI)

A oggi sono ormai numerose le riflessioni sull'uso e sulla funzione dei patrimoni femminili nelle strategie di riproduzione, difesa e miglioramento dello *status* che orientavano i comportamenti matrimoniali delle famiglie. Fin dal tardo Medioevo, il valore della dote avrebbe infatti contribuito a definire, assieme alla fisionomia sociale della donna, i confini dell'appartenenza dell'intero gruppo familiare, marcandone capacità economica e prestigio.[1] Un ricco filone di studi, sottolineando all'interno delle logiche

1. La bibliografia sul tema è ormai molto vasta: sotto il profilo giuridico rimangono fondamentali gli studi di F. Ercole, *L'istituto dotale nella pratica e nella legislazione statutaria dell'Italia superiore*, in «Rivista italiana per le scienze giuridiche», 46 (1910), pp. 167-257; e di M. Bellomo, *Ricerche sui rapporti patrimoniali tra coniugi. Contributo alla storia della famiglia medievale*, Milano 1961; lo sviluppo del sistema dotale come principale transazione economica legata al matrimonio, e in relazione ai diritti successori delle donne, è analizzato nei celebri studi di D. Owen Hughes, *From Brideprice to Dowry in Mediterranean Europe*, in «Journal of Family History», 3 (1978), pp. 262-296; e di C. Klapish Zuber, *Women, Family and Ritual in Renaissance Italy*, Chicago 1985, con particolare riferimento alle pp. 213-246; della stessa autrice si veda anche *La famiglia e le donne nel Rinascimento a Firenze*, Roma-Bari 2003. Fondamentali per lo stesso tema anche i lavori di J. Goody, *Inheritance, property and women: some comparative considerations*, in *Family and Inheritance. Rural society in Western Europe*, a cura di J. Goody, J. Oody, J. Thirsk, E.P. Thompson, Cambridge 1976, pp. 1200-1880; J. Goody, *Famiglia e matrimonio in Europa. Origini e sviluppi dei modelli familiari dell'Occidente*, Milano 1984. Per una sintesi recente sui diritti patrimoniali delle donne nel periodo tardomedievale e per una bibliografia essenziale sul tema si rimanda a I. Chabot, *Risorse e diritti patrimoniali*, in *Donne e lavoro*, a cura di A. Groppi, Roma 1996, pp. 47-70; per una prospettiva cronologica più ampia si veda invece *Le ricchezze delle donne. Diritti patrimoniali e poteri familiari in Italia (XIII-XIX secc.)*, a cura di G. Calvi, I. Chabot, Torino 1998. Per alcune riflessioni sull'impatto dei mutamenti dei sistemi successori e dei diritti ereditari femminili sulla mobilità sociale si

di trasmissione patrimoniale il ruolo simbolico e relazionale della dote, ha difatti messo in luce i mutamenti che portarono a una ridefinizione dello stesso istituto giuridico affidandogli un posto fondamentale nei percorsi di mobilità sociale.[2]

La centralità dei patrimoni femminili nei destini e nei percorsi familiari non fu certo appannaggio delle strategie di riproduzione di ceti aristocratici ed élite cittadine. L'attenzione costante rivolta dagli storici alle strutture familiari e agli assetti patrimoniali dei ceti eminenti, volta a indagare «le dinamiche e le strategie orientate al mantenimento del potere»,[3] ha lasciato poco spazio all'approfondimento delle trasformazioni in atto, soprattutto tra tardo Medioevo e prima età moderna, negli aggregati domestici dei ceti artigiani, e in generale di tutte quelle compagini sociali escluse dalle strutture del potere.[4]

Nel passaggio dal tardo Medioevo alla prima età moderna, difatti, anche nelle logiche familiari dei ceti intermedi e inferiori della scala sociale il matrimonio dotale si era ormai pienamente affermato. Qui, tuttavia, le tensioni che portò con sé il sistema dotale ebbero esiti diversi: quella funzione

---

vedano: M. Howell, *The Marriage Exchange. Property, Social Place, and Gender in Cities of the Low Countries, 1300-1500*, Chicago 1998; L. To Figueras, *Sistèmes successoraux et mobilité sociale aux alentours de 1300: les contrats de mariage d'Amer et de Besalú en Vieille Catalogne*, in *La mobilità sociale nel Medioevo*, a cura di S. Carocci, Roma 2010, pp. 453-490; K.L. Reyerson, *La mobilité sociale: réflexions sur le role de la famme*, in *La mobilità sociale nel Medioevo*, pp. 491-511.

2. D. Owen Hughes, *Il matrimonio nell'Italia medievale*, in *Storia del matrimonio*, a cura di C. Klapish Zuber, M. De Giorgio, Roma-Bari 1996, p. 39.

3. D. Bezzina, *Artigiani a Genova nei secoli XII-XIII*, Firenze 2015, p. 137.

4. Sulla famiglia artigiana fondamentali rimangono gli studi sulla Genova medievale di D. Owen Hughes, *Ideali domestici e comportamento sociale: testimonianze dalla Genova medievale*, in *La famiglia nella storia*, a cura di C.E. Rosemberg, Torino 1979, pp. 147-183; della stessa autrice si veda anche *Strutture familiari e sistemi di successione ereditaria nei testamenti dell'Europa medievale*, in «Quaderni Storici», 33 (1976), pp. 929-952. Alcune riflessioni di Hughes sono state riprese in A. Degrandi, *Artigiani nel Vercellese dei secoli XII e XIII*, Pisa 1996, pp. 81-96; sul contesto genovese si vedano poi le interessanti riflessioni del recentissimo lavoro di D. Bezzina, *Artigiani a Genova nei secoli XII-XIII*, Firenze 2015, pp. 137-170. Per il caso romano si veda invece A. Esposito, *L'iter matrimoniale a Roma e nella regione romana tra atti notarili e atti cerimoniali (secoli XV-XVI)*, in *I tribunali del matrimonio (secoli XV-XVIII)*, a cura di S. Seidel Menchi, D. Quaglioni, Bologna 2006, pp. 411-430; della stessa autrice si veda anche *Strategie matrimoniali e livelli di ricchezza*, in *Alle origini della nuova Roma. Martino V (1417-1431)*, Atti del Convegno (Roma, 2-5 marzo 1992), a cura di M. Chiabò *et alii*, Roma 1992, pp. 571-587.

di difesa dei patrimoni maschili e di salvaguardia del lignaggio, assegnata alla dote nelle strategie di riproduzione delle élite, fu ad esempio estranea a questi ceti, dove era prima di tutto l'opportunità di una dote e solo poi la sua entità a fare la differenza nei destini familiari e femminili.[5]

Sebbene infatti la scienza giuridica avesse tentato di sostenere la non obbligatorietà della dotazione, questa venne ben presto ad assumere nella mentalità popolare un ruolo necessario alla legittimazione e pubblicizzazione dell'unione coniugale.[6] Anche se di puro valore nominale, la dote era la premessa necessaria, inderogabile, per la conclusione di un matrimonio, «segno della virtù della sposa»,[7] e antidoto ai pericoli morali, oltre che materiali, del meretricio, inevitabile corollario della povertà femminile.

A segnare un passaggio ormai compiuto fu proprio il proliferare di forme di ridistribuzione delle risorse volte a mitigare i disordini causati dalla corsa al rialzo delle doti, in aumento per tutto il Quattro-Cinquecento.[8] Fu allora che la carità dotale, già ampiamente diffusa nella pratica testamentaria, fu messa al centro dei programmi assistenziali di molte realtà urbane. In accordo con una tendenza più generale all'istituzionalizzazione dell'assistenza, e all'interno di una rosa di soluzioni originali adottate da molti governi cittadini, la fondazione di istituti specializzati nella distribuzione di sussidi dotali a «povere zitelle» fu certamente l'iniziativa votata al più duraturo successo.[9] La presa in carico dell'*onus dotandi* da parte di

5. I. Fazio, *Percorsi coniugali nell'Italia moderna*, in *Storia del matrimonio*, pp. 151-206: p. 168.

6. Fin dal tempo di Graziano, la canonistica aveva tentato di ridimensionare la formula di impronta romanistica «nullum sine dote fiat coniugium» risalente al Concilio di Arles del 524, cfr. N. Tamassia, *La famiglia italiana nei secoli XV e XVI*, Milano 1910, pp. 299-304.

7. Hughes, *Il matrimonio nell'Italia medievale*, p. 38.

8. Per Firenze si veda A. Molho, *Marriage alliance in Late Medieval and Early Modern Florence*, Harvard 1994; per alcune riflessioni sul caso romano si veda invece a Esposito, *Strategie matrimoniali e livelli di ricchezza*.

9. Sebbene non manchino studi che hanno affrontato diversi aspetti della beneficenza dotale in età tardomedievale e nel periodo rinascimentale, la gran parte delle ricerche sul tema si riferiscono alla piena età moderna, periodo che vide maggiormente crescere lo sforzo in questo settore caritativo e che in questa fase si venne organizzando in forme e strutture assistenziali, anche economicamente, più stabili; cfr. A. Esposito, *Le confraternite del matrimonio. Carità, devozione e bisogni sociali a Roma nel tardo Quattrocento* (con l'edizione degli statuti vecchi della Compagnia della Santissima Annunziata), in *Un'idea di Roma. Società, arte e cultura tra Umanesimo e Rinascimento*, a cura di L. Fortini, Roma 1993, pp. 7-51; Ead., *Diseguaglianze economiche e cittadinanza: il problema della dote*, in

soggetti estranei agli aggregati familiari – una responsabilità giuridica e sociale, quella della dotazione, cui era chiamata a partecipare ormai l'intera comunità – rimanda, nel complesso, a una maggiore sensibilità maturata dalle società del periodo nei confronti della famiglia.[10] Molte fonti tardomedievali, in particolar modo quelle normative, mostrano una preoccupazione crescente verso il disordine morale, scagliandosi contro tutte quelle forme di convivenza irregolare (come ad esempio il concubinato) percepite come minacce alla stabilità di un ordinamento sociale che si vorrebbe fondato sulla famiglia e sul matrimonio. Non a caso, laddove emergono, gli intenti programmatici degli istituti dotali consacrano le loro «pietose e charitatevoli operationi» a lenire gli effetti immediatamente visibili della povertà femminile, preservando con la «pudicizia»[11] quel «capitale» sim-

«Mélanges de l'École française de Rome - Moyen Âge», 125/2 (2013), *en ligne*; I. Chabot, *La beneficenza dotale nei testamenti del tardo Medioevo*, in *Povertà e innovazioni istituzionali in Italia. Dal Medioevo ad oggi*, a cura di V. Zamagni, Bologna 2000, pp. 55-76; M. Fubini Leuzzi, *«Condurre a onore». Famiglia, matrimonio e assistenza dotale a Firenze in Età Moderna*, Firenze 1999; M. d'Amelia, *Economia familiare e sussidi dotali. La politica della Confraternita dell'annunziata a Roma (secoli XVII-XVIII)*, in *La donna nell'economia, secc. XIV-XVIII*, Atti della XXI settimana di studi (Prato, 10-15 aprile 1989), a cura di S. Cavaciocchi, Firenze 1990, pp. 195-215 e della stessa autrice *La conquista di una dote. Regole del gioco e scambi femminili alla Confraternita dell'Annunziata (secc. XVII-XVIII)*, in *Ragnatele di rapporti. Patronage e reti di relazioni nella storia delle donne*, a cura di L. Ferrante, M. Palazzi, G. Pomata, Torino 1988, pp. 305-343; I. Chabot, M. Fornasari, *L'economia della carità. Le doti del Monte di Pietà di Bologna (secoli XVI-XX)*, Bologna 1997; L. Ciammitti, *La dote come rendita. Note sull'assistenza a Bologna nei secoli XVI-XVIII*, in *Forme e soggetti dell'intervento assistenziale in una città di antico regime*, Atti del IV colloquio (Bologna, 20-21 gennaio 1984), Bologna 1986, pp. 111-132; per un approccio previdenziale al problema della dotazione cfr. M. Carboni, *Le doti della povertà. Famiglia, risparmio, previdenza: il Monte del matrimonio di Bologna (1583-1796)*, Bologna 1999 e G. Delille, *Un esempio di assistenza privata: i Monti di maritaggio nel Regno di Napoli (secoli XVI-XVIII)*, in *Timore e carità. I poveri nell'Italia moderna*, in *Pauperismo e assistenza negli antichi stati italiani*, Atti del Convegno (Cremona, 28-30 marzo 1980), a cura di G. Politi, M. Rosa, F. Della Peruta, Cremona 1982, pp. 275-282.

10. Si veda, ad esempio, la diffusione di strutture d'accoglienza riservate all'infanzia abbandonata: J. Boswell, *L'abbandono dei bambini nell'Europa occidentale*, Milano 1991; per il caso romano si veda A. Esposito, *I proietti dell'ospedale del Santo Spirito di Roma: percorsi esistenziali di bambini e famiglie (secc. XV-XVI)*, in *Figli d'elezione. Adozione e affidamento dall'età antica all'età moderna*, a cura di M.C. Rossi, M. Garbellotti, M. Pellegrini, Roma 2014, pp. 169-199, e il contributo della stessa autrice in questo volume.

11. Così si legge, ad esempio, nel proemio degli statuti del 1575 della confraternita romana della Santissima Annunziata alla Minerva in riferimento alla matrice del loro im-

bolico – l'onore – necessario al funzionamento di un interno sistema di riproduzione sociale.[12]

Al di là della funzione che le attribuirono la trattatistica e la stessa normativa degli istituti, la *caritas* dotale si caricò, tuttavia, di implicazioni non riconducibili alla sola difesa dell'onore femminile e familiare. Preoccupazioni d'ordine demografico[13] e sociale s'intrecciarono nel sostenere forme di intervento che nel loro lento strutturarsi avrebbero funzionato – per riprendere un'espressione di Mauro Carboni – come una «cintura di salvataggio» per i ceti medi e medio bassi.[14]

La progressiva diffusione e la fortuna di queste iniziative fa riflettere inoltre sul ruolo non solo simbolico ma anche economico della dote per i ceti intermedi. Alle prese con le difficoltà dell'accumulazione dei capitali dotali – su cui gravò a lungo il trend inflattivo – artigiani, commercianti, salariati guardavano ai patrimoni femminili come a una risorsa preziosa, talora vitale, per accedere al mondo del lavoro e dare avvio ad attività professionali indipendenti; un apporto di liquidità per le finanze familiari che quando non incoraggiava il risparmio – dando ad esempio accesso al mercato del credito – poteva comunque risollevare le sorti familiari in periodi di crisi.[15]

Proprio negli ultimi anni, diversi studi hanno gettato le basi per una riflessione sulla funzione economica della dote. Alcune di queste indagini, per lo più riferite alla piena età moderna, hanno, ad esempio, aperto la

---

pegno nella dotazione di povere ragazze: «per conservar la pudicizia e il prohibir che molte anime per povertà non trabocchino nei lacci del demonio, e finalmente il procurare che il popolo fidele moltiplichi con legittima procreatione di figiuoli, mediante il Sacramento Santo del matrimonio», *Statuti della venerabile Compagnia dell'Annuntiata di Santa Maria sopra la Minerva di Roma*, Roma 1575.

12. Cfr. M. Carboni, *Fra assistenza e previdenza. Le doti dei poveri rispettabili a Bologna in età moderna*, in «Geschichte und Regione/Storia e regione», 1 (2010), pp. 35-50.

13. Sulla spinta al ripopolamento che poteva assumere l'elargizione di doti di carità e i suoi riflessi demografici si veda quanto osservato da Fubini Leuzzi, *«Condurre a onore»*, p. 28.

14. Carboni, *Fra assistenza e previdenza*, p. 41.

15. Dalle richieste di alienazione dei fondi dotali conservati presso l'Archivio di Stato di Torino e studiati da Agnese Maria Cuccia per il primo Settecento emerge, ad esempio, che gran parte dei postulanti «concentrava le proprie richieste nella prima parte del ciclo di vita. Il capitale dotale [...] aveva una precisa funzione anticiclica: esso serviva come correttivo per evitare un periodo di difficoltà», A.M. Cuccia, *Lo scrigno di famiglia. La dote a Torino nel Settecento*, Pisa 2014, p. 109.

strada ad un campo di ricerca sull'uso e sull'investimento dei beni dotali all'indomani del matrimonio, suggerendo di ampliare il campo d'indagine a un arco cronologico più esteso, per cogliere l'intero ciclo patrimoniale della dote e comprenderne così il ruolo nella dinamica economica.[16]

Uno dei meriti di questi lavori – che hanno rivolto l'attenzione in primo luogo ai processi di alienazione dei fondi dotali – è di aver permesso di inquadrare il funzionamento del sistema dotale connettendolo con le variabili dell'identità sociale e del contesto ecologico dei singoli gruppi domestici.[17]

Partendo da queste riflessioni vorrei proporre allora i primissimi risultati di un'indagine, ancora in corso, sulla prima fase di attività della confraternita della Santissima Annunziata alla Minerva, il primo istituto romano a specializzarsi nell'assistenza dotale. Guardare all'organizzazione della *caritas* dotale permetterà, come vedremo, di entrare innanzitutto nel vivo delle scelte e dei comportamenti matrimoniali dei ceti popolari, e di portare un contributo alle riflessioni sul ruolo dei patrimoni femminili nelle logiche di riproduzione di queste compagini sociali. Ma permetterà anche di riflettere sull'istituzione in sé, in rapporto alla sua capacità di agevolare l'accesso delle donne al matrimonio ("canale di mobilità") e di fornire opportunità e risorse (simboliche, relazionali, ed economiche) per sostenere numerosi percorsi familiari.

Dietro alla continuità di questa e delle molte altre fondazioni dotali che costellarono le società urbane fino a tutto l'Ottocento è tuttavia necessario leggere di volta in volta il senso che istituzioni e individui le attribuirono in un «quadro di manipolazioni e di condizionamenti reciproci».[18] L'assistenza dotale, nella sua storia plurisecolare, rispose a esigenze sociali

---

16. Sulla funzione economica della dote di veda il bilancio storiografico proposto in P. Lanaro, G. Varanini, *Funzioni economiche della dote nell'Italia centro-settentrionale (tardo medioevo/inizi età moderna)*, in *La famiglia nell'economia europea, secc. XIII-XVIII (Atti della quarantesima settimana di studi, 6-10 aprile 2008)*, a cura di S. Cavaciocchi, Firenze 2009, pp. 81-102; per la piena età moderna si vedano i recenti contributi di B. Zucca Micheletto, *À quoi sert la dot? Aliénations dotales, économie familiale et stratégies des couples à Turin au XVIIIe siècle*, in «Annales de démographie historique», 1 (2001), pp. 161-185; e di Cuccia, *Lo scrigno di famiglia*.

17. Cuccia, *Lo scrigno di famiglia*, p. 30.

18. A. Groppi, *Il welfare prima del welfare. Assistenza alla vecchiaia e solidarietà tra generazioni a Roma in età moderna*, Roma 2010, p. 11.

molto diversificate e contribuì a definire il femminile e i canali di mobilità riservati alle donne. Se ad esempio nella Toscana del Settecento la distribuzione delle doti granducali fu un utile strumento per avviare le donne verso un lavoro specializzato – rimarcandone la funzione con il dono del telaio[19] – nella Roma del primo Cinquecento i sussidi assegnati dalla Santissima Annunziata erano spesso vincolati a un uso domestico, all'acquisto o all'affitto di un'abitazione per la nuova famiglia, e solo successivamente destinati anche alla monacazione.[20]

Ricollegandomi a un ormai ricco filone di studi che «rilancia il soggetto [...] nel senso [...] di persona sociale dotata di *agency*»,[21] insisterò allora sulla capacità degli individui, e delle donne *in primis*, di interagire con le istituzioni, di dialogarci e manipolarle «secondo un ventaglio di modi di relazionarsi che oltrepassa la semplice opposizione tra la pura conflittualità e la collaborazione».[22] Sebbene, come ha sottolineato Isabelle Chabot, la beneficenza dotale avesse contribuito «a legittimare la concezione di una ricchezza femminile acquisita solo passivamente»,[23] l'intraprendenza delle assistite nel procacciarsi una dote sembrerebbe suggerire una lettura in parte diversa.[24] Per questo, nel prendere in esame le interazioni tra soggetti e strutture dell'assistenza si cercherà di ragionare innanzitutto sull'uso/con-

19. Fubini Leuzzi, *«Condurre a onore»*, p. 244.

20. Sandra Cavallo ha suggerito di non trascurare tra le diverse funzioni svolte dagli istituti assistenziali di *Ancien Régime* quella ideologica: «Le diverse forme di assistenza giocavano un ruolo importante anche nell'incoraggiare particolari modelli di di vita nella sfera domestica e modi di essere uomo e donna. Attraverso la definizione delle categorie da assistere (in termini di età, sesso, condizioni famigliari, di salute, di moralità, ecc.) e attraverso i modi di intervento ad esse offerti [...] si rafforzavano anche particolari idee di ruolo e autorità relative sia alle relazioni di genere che a quelle famigliari [...]», S. Cavallo, *Assistenza e costituzione della famiglia tra Cinque e Settecento*, in *Povertà e innovazioni istituzionali in Italia*, pp. 279-293.

21. G. Calvi, *Chiavi di lettura*, in *Innesti. Donne e genere nella storia sociale*, a cura di G. Calvi, Roma 2004, pp. VII-XXXI: p. VIII.

22. Zucca Micheletto, *À quoi sert la dot?*, p. 174.

23. Chabot, La *beneficenza dotale nei testamenti*, p. 76.

24. Marina d'Amelia, affrontando la questione dei sussidi dotali erogati dalla Santissima Annunziata tra Seicento e Settecento, osserva che «Al pari di molti modelli unificanti la vittima sacrificale serve ben poco per spiegare la complessità delle azioni umane: tantomeno si attaglia alla costante attivizzazione e continua negoziazione per ottenere una dote che caratterizza i comportamenti di alcune donne attorno a confraternite e corporazioni in numerose città», d'Amelia, *La conquista di una dote*, p. 306.

sumo di queste stesse istituzioni da parte degli assistiti e sulle "tattiche"[25] adottate per «abitare uno spazio controllato».[26]

Non diversamente da altri istituti dotali cittadini, la Santissima Annunziata alla Minerva rivolse il proprio intervento assistenziale al mondo della «povertà laboriosa», quella frangia composita della popolazione urbana che sembrerebbe assumere i caratteri – già individuati da Mauro Carboni nei suoi lavori sul monte di pietà bolognese – di una povertà ma pur sempre «rispettabile».[27] Nel definire le caratteristiche necessarie per essere ammessi al «maritagio», le prescrizioni statutarie della Santissima Annunziata – così come appaiono nella loro redazione quattrocentesca – non rendono conto però della composizione socio-professionale degli assistiti. Sebbene non manchi il richiamo a un generico attributo di povertà e alla perdita di legami familiari, la normativa confraternale insiste più che altro su valutazioni morali e legittimità di nascita, onestà e rispettabilità familiare, laddove questi s'intrecciavano inevitabilmente ai criteri che definivano il grado di inurbamento delle richiedenti.[28] Gli statuti legavano in

25. Per Michel de Certeau la tattica, che si differenzia dalla strategia, si configura come «[...] l'azione calcolata che determina l'assenza di un luogo proprio. Nessuna delimitazione le conferisce un'autonomia. La tattica ha come luogo solo quello dell'altro. Deve pertanto giocare sul terreno che le è imposto così come lo organizza la legge di una forza estranea. Non ha modo di *mantenersi* autonoma, a distanza, in una posizione di ritirata, di previsione e di raccoglimento in sé: è movimento "all'interno del campo visivo del nemico", come diceva von Bülow, e nello spazio da questi controllato. [...] Si sviluppa di mossa in mossa. Approfitta delle "occasioni" dalle quali dipende, senza alcuna base da cui accumulare vantaggi, espandere il proprio spazio e prevedere sortite. Non riesce a tesaurizzare i suoi guadagni. Questo non luogo le permette indubbiamente una mobilità, soggetta però all'alea del tempo, per cogliere al volo le possibilità che offre un istante. [...] È insomma astuzia, un'arte del più debole», cfr. M. de Certeau, *L'invenzione del quotidiano*, Roma 2010, p. 73.

26. *Ibidem*.

27. Cfr. Carboni, *Fra assistenza e previdenza*.

28. Come scrive Anna Esposito, per l'Annunziata, la candidata ideale «[...] è nata a Roma da genitori romani onesti e di buona famiglia, ha un'età superiore ai 14 anni, è vergine ed è povera. Se è anche orfana di entrambi i genitori, ha qualche parente o conoscente iscritto alla confraternita ed ha un marito pronto a sposarla, raggiunge il massimo del gradimento», Esposito, *Le confraternite del matrimonio*, p. 11: il capitolo 73 della redazione quattrocentesca degli statuti stabilisce poi l'ordine di rispettare nella selezione delle richiedenti, legando l'età delle candidate alla provenienza e agli anni di residenza in città: 1. «romane ex utroque parente sint etatis perfecte annorum quindecim vel ultra»; 2. «romane ex altero parente sint etatis perfecete annorum sexdecim»; 3. «romane ex forensibus sint etatis perfecte annorum decem et septem»; 4. «Rome habitantes extra urbem nate et

sostanza la scelta dei soggetti da tutelare a meccanismi che presiedevano il riconoscimento della «bona fama», attributo su cui incideva innanzitutto il livello d'inclusione nel corpo sociale.[29]

Per la prima fase di attività della Santissima Annunziata – gli ultimi decenni del Quattrocento e i primi del Cinquecento – i criteri del recluta-mento dei beneficiari adottati da quello che, è bene ricordare, fu per secoli il principale istituto dotale romano,[30] sono invece ben evidenti sfogliando la serie di registri che conservano gli atti di pagamento delle doti di carità redatti dai notai della confraternita.

Il campione d'indagine qui esaminato riguarderà le 646 donne che l'istituto dotò tra il 1471 – anno cui risale la prima attestazione documen-taria dell'attività del sodalizio – e il 1518;[31] a dar conto dell'identità sociale delle assistite sono le informazioni contenute negli atti di *obligatio-solutio dotis* – così come vengono abitualmente definiti nella prassi notarile gli atti di pagamento dei sussidi – e dove i notai registrarono sistematicamente l'area socio-professionale di padri e coniugi.

Le registrazioni dei patronimici rimandano nell'immediato al variegato mondo dell'artigianato, del settore alimentare, del piccolo commercio e dei servizi. In ordine di rappresentanza sono allora le figlie di sarti, barbieri, calzo-lai, macellai, vignaioli, muratori, ferrai, osti a ricorrere più frequentemente nei registri del sodalizio; categorie professionali cui appartenevano, sebbene con una più ampia articolazione, anche gli stessi mariti delle ragazze. Nel comples-so però le carte dell'Annunziata rinviano all'intera gamma delle professioni urbane, quasi a restituire una geografia dei mestieri della città, che mappa man

ante earum pubertatem que Roma venerint sint annorum decem et octo», cfr. Esposito, *Le confraternite del matrimonio*, p. 48.

29. Sul concetto di «bona fama» cfr. A. Esposito, *Donne e fama tra normativa statutaria e realtà sociale*, in *Fama e Publica vox nel Medioevo*, Atti del convegno di studio svoltosi in occasione della XXI edizione del Premio internazionale Ascoli Piceno (Ascoli Piceno, 3-5 dicembre 2009), a cura di I. Lori Sanfilippo, A. Rigon, Roma 2011, pp. 87-102.

30. Sull'origine della confraternita della Santissima Annunziata e sugli statuti quattro-centeschi si veda Esposito, *Le confraternite del matrimonio;* sul periodo sei-settecentesco cfr. d'Amelia, *Economia familiare e sussidi dotali* e della stessa autrice *La conquista di una dote;* alcune notizie si trovano invece nei classici C. Fanucci, *Trattato di tutte le opere pie dell'Alma città di Roma*, Roma 1601; G. Piazza, *Opere pie do Roma descritte secondo lo stato presente* […], Roma 1678; C.L. Morichini, *Degli istituti di pubblica carità ed istru-zione primaria a Roma. Saggio storico e statistico* […], Roma 1835.

31. Archivio di Stato di Roma (d'ora in poi ASR), *SS. Annunziata*, regg. 353, 354, 355, 356.

mano anche nuovi spazi professionali. Dal primo Cinquecento, parallelamente alla crescita dell'offerta assistenziale, beneficiarono della carità dotale anche figure professionali legate alla macchina amministrativa comunale e pontificia, cosicché nei registri si fanno via via più frequenti i nomi di mandatari e fattori della Curia Capitolina, dipendenti dei conservatori, guardiani e custodi del carcere di Tor di Nona, salariati della Curia e dello stesso pontefice. Fin dagli esordi, l'opera del sodalizio non escluse comunque quanti appartenevano a categorie professionali più prestigiose, come speziali, mercanti, medici, procuratori e notai – la cosiddetta «aristocrazia dei mestieri».

Anche sul piano delle provenienze emerge una realtà fortemente eterogenea e che rimanda a una caratteristica strutturale della società romana coeva, all'intensificarsi – cioè – dei flussi migratori verso Roma.[32] Sebbene la Santissima Annunziata, seguita da altri istituti cittadini, riconosca, da statuto, un rapporto privilegiato tra cittadinanza e accesso alle risorse, nei suoi registri è maggioritaria la presenza di fanciulle figlie di artigiani non romani, principalmente originari del circondario laziale, dell'Italia settentrionale – con in testa piemontesi e lombardi – e della Toscana. Particolarmente significativo era poi il gruppo degli «ultramontani», di quanti arrivavano cioè da località fuori dalla penisola: un gruppo abbastanza composito dove una fetta consistente rappresenta minoranze che per il periodo godevano di scarsa considerazione sociale come corsi e albanesi.[33]

Il confronto dell'identità professionale ed etnica di padri e generi offre innanzitutto la possibilità di seguire il ricollocamento delle assistite in se-

---

32. Sulla composizione della popolazione romana tra Quattro e Cinquecento cfr. A. Esposito, *Un'altra Roma. Minoranze nazionali e comunità ebraiche tra Medioevo e Rinascimento*, Roma 1995; Ead. *La popolazione romana dalla fine del sec. XIV al Sacco: caratteri e forme di un'evoluzione demografica*, in *Popolazione e società a Roma dal Medioevo all'Età contemporanea*, a cura di E. Sonnino, Roma 1998, pp. 37-50; J. Delumeau, *Vié économique et sociale de Roms dans la seconde moitié du XVIe siècle*, Roma 1975; E. Lee, *Descriptio Urbis: the roman Census of 1527*, Roma 1985, *Habitatores in Urbe. Der population of Renaissance Rome. La popolazione di Roma nel Rinascimento*, a cura di E. Lee, Roma 2006.
33. Esposito, *Un'altra Roma*; Ead., *Corsi a Roma e nella Maremma laziale nel tardo Medioevo*, in *Le migrazioni in Europa. Secc. XIII-XVIII*, Atti della XXV Settimana di Studi dell'Istituto internazionale di Storia economica F. Datini (Prato, 3-8 maggio 1993), a cura di S. Cavaciocchi, Firenze 1994, pp. 825-838; Ead., *La presenza dei corsi nella Roma del Quattrocento*, in «Melanges de l'Ecole francaise de Rome – Moyen Age-temps modernes», 2 (1986), pp. 607-621; ripubblicato in *Forestieri e stranieri nelle città basso-medievali*, Atti del Seminario Internazionale di Studio (Bagno a Ripoli, 4-8 giugno 1984), Firenze 1988, pp. 45-56.

guito al matrimonio, fornendo un indicatore prezioso della mobilità interna di questi gruppi sociali.

Nella costituzione dei nuovi nuclei familiari "sponsorizzati" dall'Annunziata la provenienza geografica gioca un ruolo, seppur non determinante, neanche del tutto trascurabile. Delle 168 coppie per le quali è stato possibile confrontare i dati delle provenienze, 53 dichiarano la stessa origine (31%), percentuale che cresce se si sfumano i confini di appartenenza tra città e distretti urbani, tra macro aree, e tenendo conto della prossimità geografica di molte delle località di provenienza delle coppie (42%). Nella scelta del coniuge l'identità geografica tra sposi e spose sembrerebbe orientare soprattutto i comportamenti matrimoniali del gruppo degli «ultramontani» – con in testa corsi, albanesi, francesi e tedeschi – e di quanti muovono dall'Italia padana e transpadana (soprattutto i lombardi); gli stessi gruppi di *forenses* che più facilmente condividevano l'ambiente lavorativo.

Osservati dalla prospettiva dell'appartenenza professionale i comportamenti matrimoniali degli assistiti sfuggono a facili schematizzazioni: l'esercizio di un mestiere non determina difatti scelte che ricadono necessariamente su professioni affini per prestigio e *status* né per contiguità nel processo produttivo (16%). Ad emergere è piuttosto una tendenza generalizzata all'esogamia professionale, laddove solo il 7,6% delle unioni sponsorizzate dall'Annunziata si concludono all'interno degli stessi comparti professionali.

Nella riproduzione familiare dei gruppi socio-professionali che accedono all'assistenza dotale il prestigio sociale attribuito al mestiere non sembrerebbe, insomma, un criterio che orienta in modo determinante la scelta del coniuge; l'impressione piuttosto è che esista una fascia ampia di ambiti lavorativi – che va dai settori legati alla produzione e commercializzazione dei generi alimentari al mondo delle professioni legali – dove le differenze non si misurano facilmente se lette esclusivamente in funzione dello *status* accordato a ciascun mestiere.

La varietà è, dopotutto, la cifra che più caratterizzava la realtà del mondo artigiano urbano, che comprendeva una casistica molto ampia di situazioni – definite dalla qualifica attribuita agli individui all'interno della scansione interna a ciascun mestiere, dalla rete di relazioni sociali, e soprattutto dalla capacità economica delle famiglie.[34] Secondo l'interpretazione proposta in un recente contributo da Denise Bezzina, difatti, l'unica

---

34. In merito cfr. D. Degrassi, *L'economia artigiana nel Medioevo*, Roma 1996; e Bezzina, *Artigiani a Genova*.

strategia riconoscibile nei comportamenti matrimoniali dei gruppi artigiani genovesi sarebbe stata la centralità attribuita alla disponibilità economica, laddove le transazioni legate al matrimonio dovevano seguire criteri di equità.[35]

Come abbiamo visto l'intervento assistenziale agisce ad ampio spettro: si indirizza a diversi comparti del mondo del lavoro e nella pratica si rivolge indistintamente a *forenses* e nativi; ma non solo, le famiglie che accedono alla *caritas* dotale appartengono a diverse fasce di reddito. Su questo fronte un indicatore prezioso è fornito dai diversi contratti matrimoniali delle assistite. Questi mostrano che il valore complessivo delle doti poteva andare ben oltre i 100 fiorini correnti (cioè lo stesso ammontare del sussidio) e arrivare fino ai 600. Una stima destinata a crescere nel caso in cui si prendano in esame anche i valori medi dell'acconcio (cioè del corredo), che poteva essere stimato dai 50 ai 200 fiorini correnti.[36]

La varietà della stratificazione economica di queste compagini sociali, già rilevata dalla storiografia, è un dato che sta emergendo chiaramente anche dallo spoglio dei registri personali di alcuni dei notai che lavorarono per la Santissima Annunziata. Da questa breve indagine risulta l'esistenza all'interno di uno stesso settore lavorativo di fasce di ricchezza molto diversificate.[37] Ed è proprio la stessa ampiezza della stratificazione econo-

---

35. Nel concordare l'entità di una dote si teneva sempre conto dell'apporto del futuro marito («antefactum»), cfr. Bezzina, *Artigiani a Genova,* pp. 140-142.

36. Alcuni esempi dal mio dossier: Serafina figlia di Cristoforo «de Pompeis» di Amelia, la quale aveva ricevuto il sussidio di 100 f. dall'Annunziata nel 1518, nel 1521 sposò in seconde nozze Cola «de Cellis» albanese, con una dote di 600 fiorini e un acconcio di 200, cfr. ASR, *Collegio dei Notai Capitolini* (d'ora in poi *CNC*), reg. 63, cc. 606 rv / 630rv; Giovanna, figlia del barbiere Fermo del fu Bernardo Rodi e futura sposa del pellicciaio Giovanni Giacomo Guadagnini, ricevette il sussidio dotale nel 1516 e venne dotata dal padre nello stesso anno con una dote di 350 f. e un acconcio di 150, cfr. ASR, *CNC,* reg. 61, c. 487r-489r; Laura figlia di Cristoforo «de Peis» notaio originario di Amelia e futura sposa di Vincenzo calzolaio di Piperno aggiunse al sussidio dell'Annunziata 300 fiorini di dote e altri 100 di acconcio, cfr. ASR, *Ufficio dei trenta notai capitolini,* Ufficio 4, reg. 10, c. 322; Lucrezia figlia del barbiere Ludovico «de Advocatis» di Parma sposò invece Tommaso Cordoni aggiungendo al sussidio soli 150 fiorini tra acconcio e dote, cfr. ASR, *CNC,* 1120, cc. n.n. Riguardo le medie delle doti dei ceti artigiani e commercianti si veda per il periodo quattrocentesco quanto osserva Anna Esposito in Esposito, *Strategie matrimoniali;* Ead., *Le confraternite del matrimonio;* Ead., *Corsi a Roma.*

37. I casi fino ad ora esaminati non sono molti ma permettono comunque di osservare come per alcune categorie professionali tra le più attestate nel mio dossier – soprattutto barbieri, aromatari e notai, le doti si attestano dai 100-200 fiorini ai 700-800 fiorini; Denise

mica che sosterrebbe la forte mobilità interna delle categorie rappresentate nelle carte dell'istituto, dove si osservano spostamenti che dal punto di vista dello *status* accordato al mestiere potremmo definire anche a lungo raggio.

In questo senso apparirebbe allora particolarmente significativa la natura sussidiaria della dote di carità: a questa altezza cronologica l'Annunziata non aveva ancora imposto, quantomeno formalmente, un tetto massimo agli apporti dotali delle candidate. Ciò permetteva di cumulare il sussidio alle doti già costituite dalle rispettive famiglie. La possibilità di cumulo si estendeva inoltre ai sussidi dotali erogati da altre istituzioni cittadine, e difatti nello spoglio della documentazione di altre due confraternite romane (SS. Concezione in San Lorenzo in Damaso e San Michele Angelo in Borgo[38]) ricorrono con frequenza i nomi delle ragazze dell'Annunziata, alcune delle quali riuscirono difatti ad accaparrarsi fino a tre doti di carità.[39]

Un fenomeno, quest'ultimo, ampiamente diffuso per il Sei-Settecento e che, nella lettura di Marina d'Amelia, sarebbe corrisposto in parte a un «tentativo di contrastare il deterioramento subito dal valore di mercato di questi sussidi».[40] Se non si hanno, nel nostro caso, sufficienti indizi per connette-

Bezzina ha appurato nel suo studio la presenza di patrimoni con consistenze molto diversificate «che non necessariamente dipendono dalle potenzialità di accumulo di beni legate a determinate categorie lavorative, ma da casi individuali, illustrando come nell'ambito delle medesime categorie di mestiere ci possano essere livelli diversificati di accumulazione di beni», Bezzina, *Artigiani a Genova*, pp. 140-141.

38. Archivio Storico del Vicariato (d'ora in poi ASVR), *SS. Concezione in San Lorenzo in Damaso*, palchetto 166, tomo 83; per la confraternita di San Michele Angelo in Borgo si vedano invece le imbreviature del notaio «Stefanus de Ammanis», ASR, *CNC*, regg. 59, 61, 62.

39. Paolina, ad esempio, figlia di un sarto bolognese e sposa di un calzolaio romano, tra il 1516 e il 1519 riuscì ad ottenere i sussidi di tutte e tre le confraternite, e questo nonostante il regolamento della Santissima Concezione proibisse alle assistite di cumulare la dote assegnata con quelle di altre istituzioni cittadine, cfr. ASR, *SS. Annunziata*, reg. 357, cc. 1r-4r; ASR, *CNC*, 63 c. 40r; ASVR, *SS. Concezione*, palchetto 166, tomo 83, c. 25v-26r. Nei registri della Santissima Concezione riferiti alla metà del Seicento per ogni assistita è annotato anche il numero dei sussidi ottenuti da altre istituzioni, con un *range* che va dalle tre fino alle nove doti di carità cumulate, cfr. ASRV, *SS. Concezione*, palchetto 166, tomo 134, carte non numerate. Sulla pratica del cumulo durante la piena età moderna si veda d'Amelia, *La conquista di una dote*.

40. D'Amelia, *La conquista di una dote*, p. 311; a questa altezza cronologica peraltro molte riuscivano a cumulare non solo le doti elargite da diverse istituzioni pie ma anche

re tale pratica alla progressiva svalutazione del sussidio dotale è comunque interessante notare come il regolare ricorso da parte delle assistite a questa stessa prassi – peraltro espressamente vietata da alcune confraternite – offriva opportunità non trascurabili anche a quanti avrebbero potuto sposare le figlie più che dignitosamente. Certamente un'indagine mirata su singole esperienze familiari potrebbe aprire scenari inediti, soprattutto se si mostrasse capace di intendere come e in che misura si andassero ridisegnando, dopo l'ottenimento di uno o più sussidi, non solo le scelte matrimoniali ma soprattutto le logiche successorie femminili all'interno delle famiglie.

Che a questa altezza cronologica il sussidio fosse appetibile per una vasta gamma di condizioni socio-professionali[41] lo si può dedurre da alcune tracce, scarne ma significative, che rimandano a quelli che possiamo definire gli esiti dell'accesso all'assistenza: gli investimenti dei sussidi.

Gli atti di pagamento delle doti di carità, le delibere di congregazione dell'istituto e gli stessi contratti matrimoniali delle assistite talvolta tradiscono la destinazione d'uso dei sussidi, condizionata, come vedremo, dalla stessa macchina amministrativa e finanziaria dell'assistenza.

All'assegnazione di una dote di carità, difatti, non seguiva automaticamente la riscossione del contante. Condizione preliminare per riscuotere il sussidio era la presentazione di una «sigurtà», di un bene immobile – cioè – sul quale le assistite assicuravano il credito dotale in vista della futura, eventuale, restituzione della dote alla confraternita. Una prassi che, se non contravveniva alle norme e alle consuetudini romane in materia di rapporti patrimoniali tra coniugi,[42] da un lato discriminava chi mezzi e patrimoni non ne possedeva, dall'altro invece condizionava pesantemente la stessa destinazione d'uso delle doti, vincolate all'acquisto di una casa o di una vigna.

Le permute di obbligazione delle «sigurtà», atti cui ripetutamente ricorrevano le assistite anche a distanza di anni, restituiscono però un qua-

---

i sussidi erogati dalla stessa Santissima Annunziata, che nel corso del tempo diversificò l'erogazione di sussidi.

41. Marina d'Amelia nota un cambiamento nell'attrattiva del sussidio dell'Annunziata nel passaggio tra Seicento e Settecento: se nel Seicento questo sussidio «[...] era ritenuto utile da famiglie del ceto medio per le loro strategie matrimoniali e che non pochi notabili avevano incluso nella dote di una o più figlie, era diventato nel Settecento appena adatto a salvaguardare dalla solitudine orfane dall'incerta occupazione [...]», d'Amelia, *Economia familiare*, p. 210.

42. Sull'iter matrimoniale romano si veda Esposito, *L'iter matrimoniale*.

dro ben più articolato, indicando una discreta flessibilità dell'istituto nel selezionare le modalità di erogazione dei sussidi anche in base alle istanze degli assistiti.

Uno dei sistemi più diffusi consisteva nel depositare la somma ricevuta dall'istituto presso terzi, ovvero i titolari delle stesse proprietà presentate all'Annunziata come «sigurtà». Il ricorso al deposito poteva allora servire per far fruttare un piccolo capitale da rinvestire, una volta maggiorato dagli interessi annui, nell'acquisto di beni stabili; la stessa rendita fruttata ogni anno dall'investimento (gli interessi) poteva altrimenti coprire le spese dell'affitto dell'abitazione in cui si stabiliva la nuova coppia; o, altrimenti, il deposito poteva mascherare un passaggio di denaro che era in realtà un anticipo, una caparra *ante litteram*, versata al venditore per l'acquisto di quello stesso immobile presentato come «sigurtà»; non poche coppie riuscirono però ad acquistare già all'indomani della riscossione una casa o una vigna con il solo sussidio o sommando questo ad altre risorse (doti familiari, sussidi di altre istituzioni cittadine, risorse del marito). All'indomani del Sacco dei Lanzichenecchi, quando la disponibilità di liquidità dell'istituto accusò probabilmente un duro colpo, le assistite si videro assegnare direttamente una delle case che facevano parte del ricco patrimonio immobiliare dell'Annunziata, che si accresceva grazie agli immobili su cui le assistite avevano cautelato le loro doti e che in seguito alla morte senza discendenti erano devoluti alla confraternita.[43]

Sebbene non manchino casi in cui quei 100 fiorini correnti coprirono le spese per un corredo o per oggetti d'uso prettamente domestico (destinazione giustificata però dall'estrema povertà delle famiglie), fu l'acquisto di beni immobili la via più battuta dagli assistiti – incoraggiati forse da un settore del mercato cittadino in pieno sviluppo.[44]

43. Gli immobili gravati dalle ipoteche dotali alimentavano infatti un complesso sistema di circolazione della ricchezza e spesso risolvevano a monte i problemi di liquidità del sodalizio. Nel 1529, ad esempio, il camerario in carica pagò Mariano, mandatario della società, «per bandir certe case devolute per conto de dote, quale se vendeano a più offerenti», ASR, *SS. Annunziata*, reg. 566, c. 43r. È però soprattutto dopo il Sacco di Roma che nei registri del sodalizio si registrano con estrema frequenza gli atti con i quali le autorità competenti investivano la confraternita del possesso reale degli immobili devoluti, cfr. ASR, *SS. Annunziata*, reg. 360.

44. Per un quadro generale sullo sviluppo della rendita immobiliare urbana nella Roma rinascimentale e per una bibliografia di riferimento rimando alla sintesi di L. Palermo, *L'Economia*, in *Roma nel Rinascimento*, a cura di A. Pinelli, Roma 2001, pp. 49-91 con particolare riferimento alle pp. 66-73.

Un dato, quest'ultimo, che certamente non sorprende, soprattutto alla luce delle nostre conoscenze sugli assetti patrimoniali dei ceti artigiani, per i quali – come non manca di ricordare Donata Degrassi – gli immobili rappresentavano fonte e riserva primaria di ricchezza.[45] Proprio gli studiosi dell'economia e delle realtà artigiane hanno messo in luce le opportunità che derivavano dal matrimonio per i giovani alla fine del loro apprendistato. La dote – la cui gestione spettava *constante matrimonio* ai mariti – poteva fornire un capitale iniziale per avviare un'attività indipendente o procurare la liquidità necessaria per operazioni creditizie di piccolo calibro che andassero a integrare l'erario familiare.[46] Anche l'accesso alle risorse dell'assistenza dotale poteva dunque incoraggiare queste attività parallele: sebbene non sempre la documentazione permetta di ricostruire nel lungo periodo i percorsi di investimento dei sussidi, l'uso corrente di stipulare periodicamente permuta di «sigurtà» mostra in effetti che il denaro dell'istituto circolava da un depositario, cioè da un debitore, all'altro.[47]

Ma modalità e tempistiche di investimento, come abbiamo visto, si definirono in modo abbastanza diversificato. Nel dare corpo all'intervento della assistenza dotale la Santissima Annunziata – seguita in questo da al-

45. Degrassi, *L'economia artigiana*, p. 31.

46. Degrassi, *L'economia artigiana*, p. 96.

47. Emblematico il caso di Evangelista del fu Nicoloso corso di Trastevere e sposa di Francesco Ciriaci pure corso. Evangelista l'8 luglio 1499 si vide consegnare dagli ufficiali dell'Annunziata il sussidio, già promesso, di 100 fiorini correnti. Forse priva di un patrimonio immobiliare la novella coppia chiamò a cautelare l'eventuale futura devoluzione della dote il «nobilis vir» Lorenzo Altieri con una vigna di sua proprietà nei pressi dell'odierna via Merulana; il 4 di aprile del 1501 Evangelista si trovò nuovamente di fronte al notaio della confraternita per stipulare la seconda permuta di obbligazione con cui trasferiva l'ipoteca dalla vigna dell'Altieri, ora liberata da ogni onere, alla casa dello stesso notaio stipulante, Francesco Vallati. Una terza permuta risale invece al 1508, quando cioè assolto il notaio Vallati dai suoi obblighi, la donna presentò come «sigurtà» la casa del pescatore corso Matteo di Bonacciolo di Trastevere; dopo poco più di un anno Evangelista tornò una quarta volta innanzi al notaio chiedendo di accettare come pegno dotale la casa nel rione Trevi del nobile Jacopo Frangipane. In tutti questi passaggi il sussidio, contestualmente alla permuta di obbligazione, era depositato presso il titolare dell'immobile, ASR, *SS. Annunziata*, reg. 354, cc. 1r, 27r, 198r-199r, 254v-255r. In alcuni casi però il meccanismo del deposito ha rivelato come esso potesse essere serbatoio di inganni e truffe ai danni degli assistiti, in merito si veda quanto osservato per il Sei-Settecento in d'Amelia, *La conquista di una dote*, pp. 322-324, e per il Quattro-Cinquecento in Esposito, *Diseguaglianze*.

tri istituti cittadini[48] – sembrerebbe coordinare coerentemente i dispositivi legati all'erogazione dei sussidi con la propria politica assistenziale, indirizzata a soggetti e famiglie eterogenei per *status* sociale, professionale e per disponibilità economica.

L'etichetta data da da Mauro Carboni alla rete assistenziale bolognese («cintura di salvataggio») se prestata al caso di studio romano implicherebbe allora una prospettiva parziale, tronca, per interpretare il gioco tra domanda e offerta dell'assistenza. Chi si appellò a siffatte forme di intervento assistenziale non necessariamente fu spinto dalla volontà di frenare una discesa sociale, di salvaguardare l'onore e l'integrità economica di un gruppo familiare in declino. La beneficenza dotale con le sue forme organizzative, così come queste presero piede all'interno della società romana nella prima Età Moderna, sembrerebbe piuttosto inscriversi progressivamente nell'orizzonte dei comportamenti matrimoniali di un'ampia fascia della società cittadina in modo organico, strutturale, fino a divenire essa stessa un ingranaggio della meccanica dell'intero sistema dotale.

Le carte dell'Annunziata permettono di sondare i comportamenti matrimoniali dei ceti popolari anche su un altro terreno, su cui l'indagine del notarile non si è rivelata altrettanto efficace: l'età di accesso al matrimonio.

Nella politica dell'istituto è ben chiaro che l'età delle donne condizioni in modo significativo la capacità di inserirsi nel "mercato" matrimoniale cittadino. Gli statuti quattrocenteschi dell'Annunziata collocano l'età ideale delle candidate tra i 14 e i 18 anni; nella pratica le assistite hanno un'età media di 14 anni e mezzo, e sebbene non siamo in grado per ora di stabilire l'età al matrimonio in uso a Roma per il periodo considerato, il confronto con la situazione toscana indicherebbe che le assistite dell'Annunziata si avviavano al matrimonio molto precocemente.[49] È certo che il lievitare del costo delle doti tra Quattro e Cinquecento – uno dei fenomeni che sta alla base dello stesso sviluppo della beneficenza

---

48. Simili modalità di erogazioni dei sussidi si riscontrano anche per altre due confraternite coeve, la Santissima Concezione in San Lorenzo in Damaso e San Michele Angelo in Borgo.

49. Dai dati emersi dalle ricerche di David Herlihy e Christiane Klapish-Zuber sul catasto fiorentino del 1527 l'età media alle prime nozze delle donne a Firenze era di 17,6 anni e nel contado di 18,4, cfr. D. Herlihy, C. Klapish-Zuber, *Les Toscans et leurs familles. Une étude du catasto fiorentin de 1427*, Paris 1978, il riferimento è tratto da M. Barbagli, *Sotto lo stesso tetto. Mutamenti della famiglia in Italia dal XV al XX secolo*, Bologna 1984, p. 137.

dotale – dilatò i tempi di accumulo delle doti, tanto che proprio a partire dal primo Cinquecento si fecero frequenti espedienti per rendere più sostenibile il carico della dotazione, come il ricorso al credito, a depositi fruttiferi, a forme di pagamento rateizzato.[50] L'intervento dell'assistenza dotale avrebbe potuto allora accorciare i tempi; avrebbe anticipato l'uscita dalla famiglia delle donne senza intaccare i patrimoni familiari e limitando il lavoro domestico femminile, cui molte ricorrevano proprio per costituirsi autonomamente una dote.[51]

Così come l'imposizione di una giusta età per accedere ai concorsi banditi dagli istituti dotali andava a incidere sui comportamenti matrimoniali e soprattutto sui percorsi di vita femminili, allo stesso modo i regolamenti che venivano stilati imponevano vincoli e restrizioni che invece di agevolare la mobilità femminile tentavano di arginarla entro precisi schemi di condotta. Condizione tassativa per godere delle risorse dotali era, per fare un esempio, la residenza in città, e un allontanamento da Roma per più di sei mesi privava di fatto le assistite con famiglie a carico del sussidio dotale già assegnato.

Questa prescrizione, che si manterrà invariata nel corso dei secoli seppure con diverse declinazioni, si lega indubbiamente alla necessità da parte del sodalizio di vigilare sulle coppie, ed evitare ad esempio che il marito abbandonasse la moglie una volta incassata la dote; ma interessano soprattutto la gestione finanziaria dell'assistenza, perché le doti devolute, come si è visto, erano una delle principali forme di autofinanziamento dell'istituto, che aveva tutto l'interesse a far sì che i beni messi a disposizione e i loro depositari rimanessero all'interno delle mura cittadine.

Norme e disposizioni dell'assistenza cercano di regolare i tempi e i luoghi dell'abitare, ma che su questo terreno potesse esserci un margine di contrattazione lo suggeriscono le suppliche che arrivavano agli ufficiali riunitisi in congregazione, chiamati a deliberare ad esempio sulla richiesta di un parziale condono della somma da restituire in caso di emigrazione.

La supplica di Maddalena albanese, sposata con un uomo di Cortona «absente da Roma per debiti et altri inconvenienti», lascia intuire un'altra inevitabile conseguenza dell'organizzazione dell'assistenza sulla vita delle

---

50. Cfr. Carboni, *Fra assistenza e previdenza*, p. 37.
51. Il salario delle giovani servitrici era infatti corrisposto spesso sotto forma di dotazione, cfr. Chabot, *La beneficenza dotale*, pp. 75-76; *Donne e lavoro*, a cura di A. Groppi, Roma 1996.

donne. Maddalena supplicò la confraternita di poter estinguere l'ipoteca che gravava sulla sua casa fin dall'assegnazione del sussidio, per poterla vendere, lasciare la città e ricongiungersi quindi con il marito. A suo giudizio questo sarebbe stato l'unico modo «per evitar la vita inhonesta» che le si sarebbe prospettata a Roma senza il coniuge, una contingenza che l'avrebbe comunque condannata a perdere il sussidio dell'Annunziata.[52]

Per il sussidio non si prevedeva inoltre una destinazione diversa da quella del matrimonio, contrariamente a quanto accadeva all'inizio del XVII secolo, quando l'Annunziata dispensava oltre ai diversi sussidi matrimoniali anche doti di monacazione. La vita claustrale, come opzione nella destinazione dei sussidi, inizialmente non era affatto contemplata, e anzi chi mostrava di voler seguire una via diversa da quella del matrimonio poteva essere da subito estromesso dal concorso o perdere i diritti già acquisiti. Rita, vedova di Battista di Simone, ad esempio, in seguito alla morte del coniuge, non avendo figli e non trovando altro partito, si decise a prendere i voti. L'inevitabilità della sua decisione non convinse gli ufficiali del sodalizio a lasciarle il sussidio, che tornò nelle casse della confraternita, ma quantomeno li indusse a dotarla di una somma più contenuta «pro elemosinis, alimentis et substentatione».[53]

Ma già dal primo Cinquecento compaiono nei verbali di congregazione le richieste di alcune vincitrici per tramutare il sussidio per il matrimonio in dote di monacazione. Pudenziana aveva, ad esempio, ottenuto grazie a un legato testamentario – di cui era depositaria ed esecutrice l'Annunziata – una dote di 30 ducati di carlini, a patto però che se fosse morta senza eredi la somma sarebbe stata devoluta alla stessa confraternita. La giovane tuttavia preferì affiliarsi al monastero delle bizzocche di Santa Caterina da Siena decretando così la perdita della dote. Fu solo grazie alla solerzia e ai ripetuti reclami delle bizzocche che la ragazza riuscì a strappare all'Annunziata la metà di quei 30 ducati.[54]

Non furono, questi, casi isolati, e le decisioni favorevoli crearono ben presto precedenti che, se nell'immediato non portarono a una revisione statutaria, quantomeno fecero sì che se ne serbasse memoria nei verbali delle adunanze dei confratelli: «an puellis admissis et volentibus ingredire religionem detur dos».[55]

---

52. ASR, *SS. Annunziata*, 300, c. 20v.
53. ASR, *SS. Annunziata*, reg. 354, c. 26r.
54. ASR, *SS. Annunziata*, reg. 354, c. 266v.
55. ASR, *SS. Annunziata*, reg. 299, carte non numerate.

I momenti di negoziazione su questo terreno furono molti, ma rima-
neva lo stato civile acquisito con il matrimonio l'unica reale garanzia del
pieno godimento del sostegno dell'istituto.

L'opera delle confraternite dotali romane si iscrisse nel solco lungo
di una serie di provvedimenti che a partire dal pontificato di Martino V
tentarono di frenare l'eccessivo innalzamento delle quote dotali (leggi suntuarie), e di alcune disposizioni che, intervenendo in materia di rapporti
matrimoniali tra coniugi, avrebbero dovuto, a detta dello stesso legislatore,
indurre «li homini più volentieri ad contrahere matrimonio».[56] Consapevoli
degli effetti di un "mercato matrimoniale" difficilmente accessibile erano
le stesse autorità comunali che, lamentando la rarefazione dei matrimoni,
prospettavano il rischio di una città pian piano svuotata «culpa immodera-
tarum dotium».[57] Iniziative private e disposizioni degli apparati di governo
s'intrecciavano quindi nel sostenere esperienze come quella della Santissima Annunziata, e fornivano le strutture e i capitali necessari per mettere in
atto politiche demografiche volte ad arginare la tendenza alla rarefazione
della nuzialità e il carattere spesso transitorio della mobilità verso Roma.

La stessa iconografia che pubblicizzava l'opera della Santissima Annunziata ruotava tutta attorno al tema dell'Annunciazione della Vergine,
e insisteva su un cambiamento di *status* della donna da un polo negativo
– la verginità – a uno positivo – la maternità.[58] Il dipinto commissionato
per il giubileo del 1500 ad Antoniazzo romano reinterpreta il tema biblico
dell'Annunciazione, in una narrazione che mette al centro il ruolo di mediazione svolto dal sodalizio nel determinare la promozione sociale che
deriva proprio dalla maternità.[59]

---

56. Riguardo alla legislazione suntuaria romana si veda A. Esposito, *La normativa
suntuaria romana tra Quattro e Cinquecento*, in *Economia e società a Roma tra Medioevo
e Rinascimento*, a cura di A. Esposito, L. Palermo, Roma 2005, pp. 147-179; Ead., *Matrimoni in "regola". Nella Roma del tardo Quattrocento: tra leggi suntuarie e pratica dotale*,
in «Archivi e cultura», 25-26 (1992-1993), pp. 150-175. Per le disposizioni tardo quattrocentesche emanate in merito ai rapporti patrimoniali tra coniugi si veda S. Feci, *Pesci fuor
d'acqua. Donne a Roma in età moderna: diritti e patrimoni*, Roma 2004, p. 89.

57. A. Rehberg, *Il «Liber decretorum» dello scribasenato Pietro Rutili: regesti della
più antica raccolta di verbali dei consigli comunali di Roma (1515-1526)*, Roma 2010, p.
154.

58. Esposito, *Le confraternite del matrimonio*, p. 18.

59. Un ruolo che nella celebre rappresentazione interpreta lo stesso fondatore della
confraternita, il cardinale domenicano Juan de Torquemada, che presenta le fanciulle alla
Vergine nell'atto di dispensare le borse delle doti.

Le norme che organizzano l'accesso alle risorse si incontrano, lo abbiamo visto, con una domanda di soccorso che, come ricorda Angela Groppi, «è sempre processo attivo e negoziale».[60] Le fonti normative sono le testimonianze che più danno conto delle "tattiche" che i soggetti dell'assistenza mettono in campo per alterare a loro favore le "regole del gioco".

Escluse, senza riserva, erano domestiche, «fantesche» e «pedisseque», prive agli occhi della confraternita di quegli attributi di «bona fama» e integrità sessuale che erano, lo abbiamo accennato, condizioni necessarie per essere ammesse al «maritagio». Nei decreti di congregazione la loro estromissione si ripropone con forza a distanza di anni, a indicare quanto nei fatti i percorsi e le aspettative femminili non si lasciassero inibire dai divieti, imboccando spesso la strada della simulazione. Nel 1525 gli ufficiali disposero che «quia multotiens societas venit defraudata»[61] non si sarebbero potute visitare le richiedenti se residenti presso un monastero o casa di estranei, condizioni che potevano mascherare il loro stato servile. Erano soprattutto le figlie di «forenses» – quelle cioè che evidentemente contavano su legami familiari più precari e che correntemente si avviavano al lavoro domestico una volta inurbate – a ricorrere a questo espediente. Nei registri dei decreti allora si fanno man mano più frequenti le richieste di giovani che come Pace, diciottenne orfana di entrambi i genitori e senza altro familiare, ricercò da subito l'approvazione della compagnia sulla propria sistemazione – «non ut pedissequa» – in casa di madonna «Actia de Archionibus», sperando che il conservarne memoria nelle carte della congregazione servisse a non estrometterla un domani dal concorso dell'Annunziata.[62]

Mistificazioni e raggiri erano insomma frequenti, e l'accortezza con cui gli «inquisitores» erano invitati a esaminare la veridicità delle dichiarazioni delle candidate è ben documentata dagli statuti cinquecenteschi, dove si sollecitava a «vedere la zitella e intendere da lei l'età oltre il detto della madre», «giudicare il tempo che può avere parendoli che non gli sia detta la verità».[63] Mentire sull'età, sul luogo d'origine dei genitori o sull'iden-

---

60. Groppi, *Il welfare prima del welfare*, p. 11.
61. *Statuti vecchi della venerabile compagnia della SS. Annunziata*, editi in Esposito, *Le confraternite del matrimonio*, capitolo 77, p. 49.
62. ASR, *SS. Annunziata*, 299, c. 29r; sul tema si veda Esposito, *Le confraternite del matrimonio*, p. 11.
63. *Statuti della venerabile Compagnia dell'Annuntiata*, capitolo 37, «Di quello che hanno da informarsi li visitatori delle zitelle».

tità del marito erano solo alcuni trucchi, forse tra i meno imprudenti, che alcune scelsero per accaparrarsi la dote dell'Annunziata. Donne di umili condizione riuscirono, per esempio, a «conquistarsi una dote» intrufolandosi al momento della distribuzione delle vesti bianche che le ragazze ammesse dovevano indossare durante la processione che si teneva il 25 marzo, momento che sanciva la consegna delle borse con dentro le cedole per riscuotere le doti. Questa trovata ebbe ampio seguito, tanto che la congregazione decretò che per richiedere la veste sarebbe stato necessario da quel momento in poi esibire i bollettini numerati con il sigillo del sodalizio e distribuiti a domicilio alle sole vincitrici del concorso.[64]

L'ostinazione con cui le donne tentarono di aggirare i regolamenti dell'istituto ci spinge a riflettere non solo sull'efficacia pratica del sussidio ma anche sul suo valore simbolico. A questa altezza cronologica quei 100 fiorini erogati dall'Annunziata erano una somma non di poco conto, che poteva in effetti fare la differenza nell'economia domestica di una nuova famiglia, soprattutto quando era versata in ducati d'oro. Le assistite traevano però un beneficio non meno significativo dal legame "spirituale" stretto con una delle più prestigiose confraternite cittadine, che peraltro le ammetteva di default nel novero dei confratelli. Ma erano le cavillose operazioni di selezione delle assistite a rendere la vittoria di una dote di carità un vero e proprio "premio alla virtù". Non è da escludere che a spingere le donne, anche quelle già ben dotate dalle proprie famiglie, a rivolgersi all'assistenza dotale fosse proprio l'attrattiva esercitata da quel «capitale» simbolico, di quella garanzia di onestà e «bona fama» dispensata dall'istituto.[65]

Alla base delle norme che guidano i confratelli nella selezione della "povertà meritevole", lo abbiamo visto, è centrale il riconoscimento della «bona fama», inevitabilmente legato alla reputazione delle candidate presso la comunità, perché, come pure non mancano di ricordare gli statuti di Roma, la donna è onesta «si pro honesta communiter reputata fuerit, maxime in vicinia in qua habitat».[66]

Cristina Vasta in un recentissimo contributo sulla violenza femminile nella Roma moderna riferisce di una singolare zuffa tra donne che aspira-

---

64. *Statuti vecchi*, capitoli 79 e 80.
65. Nel Settecento, come ha dimostrato Marina d'Amelia, il valore simbolico di una dote di carità era ampiamente pubblicizzato, proprio a fronte della svalutazione subita nel corso del tempo da questi sussidi, d'Amelia, *L'economia*, pp. 209-210.
66. *Statuti di Roma*, a cura di C. de Re, Roma 1880, l. II, rubrica CLXXX.

vano al sussidio dotale di San Girolamo descritta in un processo dei primi anni del Seicento. Un episodio in cui trapela la spietata concorrenza che si facevano molte famiglie per accaparrarsi un sussidio dotale e che arricchisce il repertorio delle risorse messe in campo dalle donne che con offese e improperi scagliati contro l'onestà delle rivali giocarono proprio sulla centralità del vicinato nel definire l'identità sociale.[67]

Nel Settecento, come ha mostrato Marina d'Amelia, era più che altro il valore simbolico di una dote di carità ad essere sponsorizzato, proprio a fronte della svalutazione subita nel corso del tempo da questi sussidi che ormai avevano smesso di sfamare gli appetiti dei più agiati. Ma nel primo Cinquecento, efficacia pratica e significato simbolico agivano ancora catalizzando gli interessi di una "povertà" a maglie larghe, e alla ricerca di uno di questi sussidi ogni donna, ogni famiglia, affidava il proprio significato.

Nella vita delle donne l'assistenza dotale, dunque, assumeva una doppia faccia. Il prezzo da pagare per una promessa di soccorso e protezione poteva infatti essere alto, e le condizioni dettate dall'istituto non sempre sostenibili. Meritare o non meritare una dote di carità poteva allora innescare processi in grado di ridefinire le stesse identità individuali e sociali; per una donna che conquistava una dote ce ne era un'altra che la perdeva per la sua condotta tacciata di disonestà, per essersi spinta oltre le mura cittadine, per aver scelto una strada diversa da quella della famiglia coniugale. Ed è allora su questo piano che sarebbe necessario aprire un terreno di riflessione, sui modi cioè con cui l'identità si andava costruendo (e si costruisce) anche in rapporto alla stessa storia dell'assistenza.[68]

---

67. E questo è ben chiaro nelle parole della madre delle tre ragazze infamate «[ ] non si possono maritare perché giornalmente con tutti quelli che sono nel vicinato ne dicono male, dicendo che sono bagasce, sfondate, e puttane pubbliche [...]», C. Vasta, *Per una topografia della violenza femminile (Roma, secoli XVI-XVII)*, in «Genesis», 14/2 (2015), pp. 59-81: p. 60.

68. Groppi, *Il welfare prima del welfare*, p. 11.

Indice dei nomi di persona e di luogo*

* I nomi degli autori moderni sono compresi nell'indice solo se citati nel testo o in forma discorsiva nelle note.

Finito di stampare
nel mese di settembre 2017
dalla The Factory S.r.l. - Roma